港故事

香港回歸祖國25年25人訪談錄

南方報業傳媒集團　著

序

　　2022 年是香港回歸祖國 25 週年，也是《粵港澳大灣區發展規劃綱要》頒佈實施 3 週年。25 年來，中央政府大力支持，香港特別行政區政府和香港各界人士一道，自強不息、戮力前行，充分發揮「一國兩制」制度優勢，保持香港社會經濟政治大局穩定。儘管歷經風風雨雨，「一國兩制」在香港的實踐，取得了舉世公認的成功。

　　在這一年，南方報業傳媒集團推出《港故事——香港回歸祖國 25 年 25 人訪談錄》系列報道。每一年只選取一人，都是香港當年具代表性大事件的親歷者。每一篇都聚焦一年，通過專訪這些親歷者，回望這 25 年來積極奮進的香港歷史，展望更加美好的香港未來，向世界展示香港的風采，講好「一國兩制」故事。報道除在南方日報、南方網、南方+、粵學習等集團旗下媒體刊發，重點在 GDToday「今日香港地」臉書專頁等平台和香港有綫電視多個頻道播出，被多家國內媒體和 BBC、新加坡聯合早報等近 100 家國外媒體廣泛轉載。部分講述者還受邀走進香港校園，讓青年學生親耳聆聽他們的故事。系列報道在總點擊量超過 3500 萬，在香港有綫電視各平台收視超過 260 萬人次，深獲好評。此次將報道結集成書，希望與讀者一起感受香港回歸祖國 25 年來的淺吟低唱，感受到香港開新篇、創新局，續寫美好故事的信心決心。

　　講述，是加深理解的基礎，一篇好故事有時能勝過千言萬語。「港故事」既是一個個「港人治港」、歷經風雨見彩虹的香港故事，也是一篇篇「獅子山下」每個人與香港、與祖國共成長的香江憶述。故事的主角包括了梁振英、林鄭月娥、李家超、陳國基、梁愛詩、鄧炳強、葉劉淑儀等政界人士，包括了霍震霆、戴德豐、李小加、高永文、劉蜀永、陳嘉上等在香港有廣泛影響力的學界、商界、體育界、演藝界人士。其中，3 任香港特首探討香港回歸 25 年，

依託祖國應對各種風險挑戰、保持繁榮穩定的成功路徑。梁振英回憶 2007 年當選特首後，不想做「太平官」的履職決心和離職後的遺憾；李家超闡釋自己的施政計劃，首次提出香港「『由治及興』的『及』，不只是『到』，而是『及早』，是要『及早興』」；林鄭月娥卸任後首次接受媒體採訪，回應香港「修例風波」焦點事件和她經歷的不尋常治港之路。他們的講述，為「一國兩制」在香港這片土地如何獲得成功實踐給出了答案。

講述，是明辨事實的助力，一個真實講述有時能清除漫天流言。全國人大常委會首次釋法、基本法第二十三條立法失敗、2019 年「修例風波」……25 年來，香港也經歷過頗具爭議甚至引發暴力的事件。這當中，有力挺特區憲制秩序的梁愛詩，有遺憾離場的「香港鐵娘子」葉劉淑儀，有站在聯合國直訴黑白的「美心大小姐」伍淑清，有在抵禦「顏色革命」中衝鋒陷陣的鄧炳強……他們的訴說，直面當年的紛爭，能讓更多人看見真實，明晰歷史經緯：今日香港取得的成就，是幾代香港人在祖國支持下努力打拼的結果，絕對不是某些國家大言不慚宣揚的所謂的恩賜；今日香港累積的豐厚實力和穩固根基，更不是一小撮違法分子的肆意破壞，就可以隨便摧毀的。

講述，是編織暖心的記憶，一段凝神回眸有時能抵萬千感慨。當亞洲金融危機來襲，當「非典」「新冠」疫情肆虐，當國際金融海嘯衝擊，當奧運會上中華人民共和國國旗和香港特別行政區區旗飄揚，當香港迪士尼「最長情」的員工收到「四川來信」，當香港電影的霓裳、香港零食的滋味成為內地的流行風物……25 年，一年一人一篇，這些親歷者的講述，串起的是香江的擔當與溫情，是內地與香港風雨同舟、心手相連的血脈，是人們對香港「生於斯長於斯」的珍視、對未來的嚮往。

斗轉星移，歲月如梭。時代在變，香港人推崇的「獅子山精神」不會變，香港向前發展的歷史大勢不會變，「一國兩制」的制度優勢不會變。正如香港特區首任行政長官董建華先生在 1997 年 7 月 1 日宣誓就職儀式上所說，「香港，經歷了 156 年的漫漫長路，終於重新跨進祖國溫暖的家門。我們在這裡用自己的語言向全世界宣告：香港進入歷史的新紀元。」香港人親歷的每一個「港故事」都在用平實的語言映寫信心：「愛國者治港」，香港的社會氛圍

更加和諧，長期困擾香港的各類深層次矛盾和問題，也更有條件得以早日有效解決。

香港好，祖國好！祖國好，香港更好！回到祖國懷抱 25 個年頭的香港，正在迎來一個新的大時代！香港闊步前行的底氣，比以往任何時候都更足。

我們相信，波瀾壯闊的「港故事」未完待續，且更精彩，有賴我們每個人繼續努力書寫。

謹此為序。

編委會

2023 年 5 月

目錄

港故事

香港回歸祖國25年25人訪談錄

1997—2022

「這是一個前所未有的活動，

沒有彩排，

不容有失。」

鄧竟成
全國政協委員、香港特區警務處前處長

時任香港警務處總警司
負責香港政權交接儀式安保工作

1997

香港警務處前處長鄧竟成憶述香港回歸典禮細節

這是一個前所未有的活動，無法彩排也不能出錯

◎ 陳晨　許曉鑫

　　1997 年 7 月 1 日零時，中英兩國政府香港政權交接。飄揚的五星紅旗和紫荊花旗宣告「一國兩制」「港人治港」、高度自治在這一刻變為了現實。

　　「這是一個前所未有的活動，沒有彩排，不能出錯，只有一次機會做好這件事。」十三屆全國政協委員、香港特區警務處前處長鄧竟成當時是香港警務處總警司，負責香港政權交接儀式安保工作。與記者一起走在金紫荊廣場旁的海濱長廊，回念 25 年前的那一晚，他仍然心潮澎湃。

回歸前曾接神秘電話
跑上跑下跑壞一雙鞋

　　夏日的維多利亞港藍天碧水，海風習習，金紫荊花塑像在陽光照耀下熠熠生輝。今年 68 歲的鄧竟成幽默健談，雙眼炯炯有神，身板依然挺拔。因其高大英俊的形象，曾有媒體稱他為「電眼警務處處長」。知名香港電影《寒戰》中郭富城飾演的警務處處長一角就是參照了他的形象。在金紫荊廣場，視線越過金色花瓣，望著會展中心新翼，鄧竟成的思緒也回到 25 年前的回歸典禮現場，難掩激動心情。「當時的心情很複雜，既高興又要更加謹慎。」鄧竟成說，「因為國旗每升高一寸，就表示更加近回歸的日子，更加要聚精會神，確保沒

有任何事情會影響到整個儀式的順利完成。」

記者：得知要負責這個香港政權交接儀式安保工作，第一反應是什麼？

鄧竟成：回歸前一年，我就與 7 位同事共同加入回歸典禮活動安保工作小組。我的任務是負責所有儀式的安保工作。我們每個人都有擅長的領域。有人負責要員保護，有人負責交通等，公安部來的同事稱我們是「八大金剛」，說我們樣樣皆能，各顯神通。

這是一個前所未有的活動，沒有彩排，不能出錯，只有一次機會做好這件事。所以還是有壓力，當時安保工作也面臨很多困難：一方面，中英雙方就回歸典禮的安排仍有很多細節未達成一致；另一方面，會展中心新翼仍未完工，給圍封、排查等安保工作帶來了不小的阻礙。我們要考慮一切可能發生的危險及突發狀況，並據此制訂行動預案。同時，我們還需對會展中心進行地毯式搜索，排除一切可疑物品。

記者：您詳細説説？

鄧竟成：任何可以打得開，揭得起的地方，我們都會檢查，檢查之後我們就貼封條。現在的警隊封條，和我們當年用的差不多。上面寫著 FSU 代表警察搜查隊，每逢香港舉辦大型活動，他們就會出動，參與場地搜查等安保工作。當時每一個封條還有固定編號，看見編號我就知道相關物品的位置在哪，如果遭人移動或撕毀，我們也能及時發現。

記者：交接儀式前有沒有遇到一些緊急情況？

鄧竟成：有的，就在交接儀式的前幾天，我們接到一個神秘電話説，會展中心藏有爆炸物。當時公安部一位負責同志也得到消息，並問我是否有可能發生電話中所説的情況。我很有信心告訴他，這是完全不可能的。當然，我們也不敢大意，我馬上派警員快速排查，最終沒有發現任何問題。

為什麼我那麼有信心？因為香港警隊始終保持著高度的專業素養。單是我自己從南到北，跑上跑下，幾乎查看了會展每一個地方。短短一個月內，我就走爛了一雙鞋。

記者：有沒有比較難的事情？

● 香港警務處前處長鄧竟成

● 鄧竟成（左）帶記者重走金紫荊廣場

● 時任香港特區警務處處長鄧竟成（中） 香港警務處供圖

● 1997 年，鄧竟成（左二）參加香港政權移交儀式安保小組會議
香港警務處供圖

鄧竟成：我們要確保沒有任何事情可以影響到整個儀式的順利完成。1997 年 6 月 30 日那天晚上，英方那邊的告別儀式首先舉行，在當時添馬艦的大空地上舉行，距離交接儀式所在地會展中心有比較長的一段路。安保計劃要考慮一個重點就是如何可以讓那麼多嘉賓在短時間內安全地從告別儀式場地來到會展中心，參加交接儀式。

為確保前往會展中心的道路安全，我們專門設計了一種安保用的大型水馬，重兩百磅，約兩米高。但因為這批水馬是警隊物資，需要將警隊名稱印上去，而準備生產的時候是 1996 年，香港尚未回歸，我們仍被稱作「皇家香港警察」。所以我們很糾結，究竟印什麼名字好？考慮到水馬製造價格高昂，今後仍會使用，我們最後決定提早去掉「皇家」兩個字，就用「香港警察」。

記者：因為大家都對回歸充滿期待。

鄧竟成：是的。從「皇家香港警察」到「香港警察」，不僅是名稱、帽徽的改變，更重要的是一個時代的轉變。我相信每一位警察同事，每一位公務員，每一位香港市民都期待這種變化。因為我們對自己的身份定位向來模糊，但 1997 年回歸之後，我們就可以很清楚、很明確地告訴別人，我們是中國香港警察，我們是中國人。

回歸後總有變與不變
重要的這是有序且進步

鄧竟成和記者漫步於連接添馬公園及會展中心的海濱大道，放眼望去，維港兩岸的摩天大樓沿著天際線不斷延伸，一片蓬勃發展的景象。「7 月 1 日那天，看著煙花，我特別感慨。很多人說回歸之後，香港很多事情會改變。但這 25 年證明了，改變是正常的。最重要的是，我們根據基本法、『一國兩制』的大原則去改變，是進步的改變、有序的改變。這符合我的期望。」

「但不變的是，香港仍然是我的家。」他指了指對岸說，「穿過那兩棟大廈，就可以看到獅子山了，它的山綫和我小時候看到的一樣，完全沒變，那種

感覺也沒有變。」

　　記者：儀式結束後，是不是「一身輕」？

　　鄧竟成：1997 年 7 月 1 日凌晨 3 時 45 分，當范徐麗泰率領一眾臨時立法會議員宣誓就任時，我已經不眠不休工作了兩整天。當我終於離開會展回到家中時，我清楚記得我床頭的電子鐘顯示的時間是 5 時 55 分。可 1 小時後，我又回到會展繼續工作。直到真正有時間感受回歸的喜悅，應該是在 1 日晚，我和太太看煙火秀和畫船巡遊時。

　　我之前訂了一本西方的雜誌，回歸前有一期封面是全黑的，並寫道「香港不會再有陽光」，這是完全不符合事實的。因為我看到的依然是美麗的維港，人們歡天喜地迎接新的一天。之後，我就退訂了那份雜誌。

　　記者：您覺得香港回歸這 25 年哪些變了？

　　鄧竟成：改變是正常的。最重要的是，我們是根據基本法，根據「一國兩制」的大原則去改變，這是進步的改變、有序的改變，這符合我的期望。這是最重要的。

　　記者：有沒有東西，您覺得沒有改變？

　　鄧竟成：香港仍然是我的家。香港仍然是屬我們的地方。

　　我小時候，經常在維港坐小輪，由香港過九龍、九龍過香港，當時我喜歡看香港的山綫，香港島的太平山、九龍的獅子山。

　　過去一段時間，我經常去爬山，爬到這些山上面的時候，由九龍看過去香港，看到太平山；從香港看過來九龍，看到獅子山，那個山綫是沒有變過的。香港的文化、香港市民的生活方式，基本上是沒有大的改變。這是香港一個很重要的特色，香港的獅子山精神沒有變過。

　　記者：所以，您認為，這樣的東西未來也不會有改變。

　　鄧竟成：我很有信心。未來的 25 年，是作為我們「50 年不變」的下半場，獅子山精神會繼續發揮作用，繼續發揮能量，讓我們廣大的香港民眾繼續可以在這個地方安居樂業。

任內聚焦三大工作
推進警隊融入國家發展大局

香港土生土長的鄧竟成，在 1976 年加入警隊任見習督察，並於 1980 年加入「飛虎隊」，曾創下一槍不發，成功生擒 7 名嫌犯的紀錄，被香港媒體稱為「飛虎之光」。2007 年，鄧竟成出任警務處處長一職，他也成為首名曾在飛虎隊服役並擢升處長的警官。

記者：您是香港警務處第五任華人處長，當時香港已經回歸祖國了，您的工作主要是什麼？

鄧竟成：我上任警務處處長時，正值香港回歸祖國 10 週年。在「一國兩制」下，香港背靠祖國，經濟蓬勃發展，與世界各地的人員往來愈發頻繁，並舉辦多項國際大型活動。因此警隊所承擔的任務也相應發生變化。

我在任內主要聚焦三大工作：反恐、打擊科技罪案、加強財富調查。這三方面是有關係的。恐怖分子可能利用黑錢來買軍火，並通過科技來做一些攻擊。自從「9·11」恐怖襲擊發生後，恐怖活動在世界範圍內大幅增加，沒有任何一個國家或地區可以「完全免疫」恐怖活動。香港作為國際金融中心，旅客、貨物、資金和資訊的流動十分自由，但以上有利條件都可能被恐怖分子利用進行恐怖主義活動，香港不可以在這方面有一個大漏洞。

記者：所以您決定建立反恐特勤隊。

鄧竟成：是的，用於預防香港的恐怖活動。當時香港警隊的架構是有（這樣的）空缺的，雖然有基本的警員比如「藍帽子」（警察機動部隊），也有特種部隊比如飛虎隊、機場特勤隊，但中間缺少專業的預防性反恐隊伍。

記者：當了警隊「一哥」，壓力倍增？

鄧竟成：我記得在 1986 年，我離開工作五年的飛虎隊升級做了警司。我第一次穿著警司制服站在一面鏡子前問自己：「今天的你同昨天的你有什麼分別？」在我看來，不是職位變了，而是責任更大了。到了警務處處長，每當我聽到有市民叫我「一哥」時，我都會提醒自己，不要忘記自己肩負的責任。所

以，我的目標很清晰，就是做好警察工作，讓市民感到安心。

退而不休回饋生活
幫助青年建立正確國家觀念

2011 年 1 月，鄧竟成卸下戎裝，正式離開了警隊。回顧 35 年的警隊生涯，鄧竟成說，最難忘是「責任」二字。

退休後，這兩個字也沒有絲毫「褪色」。熱愛足球的鄧竟成，曾經出任香港足球總會獨立董事，並獲委任十三屆全國政協委員、香港新聞博覽館董事、漁護署郊野公園及海岸公園委員會主席等，身兼數公職。在他心內，很希望能把自己的工作經驗反饋社會，尤其與年輕人有關的工作，令他們有一個正確的人生態度。

記者：辛苦奔波了一輩子，大家都覺得您應該好好休息一下，但我看您還是很活躍，幹勁十足。

鄧竟成：人生要分三個階段，首先是讀書求學，然後有一份熱愛的職業。對我來說，就是當了 35 年的警察，完成警察工作後還有一段新的人生。第一是做自己喜歡的事，例如攝影；第二，是活到老學到老，比如我去學習做地質公園導賞員等等；第三，是將自己工作經驗反饋社會，特別是與年輕人有關的工作，令他們有一個正確的人生態度。

記者：您特別重視年輕人。

鄧竟成：青年在香港社會扮演重要角色，他們的成長事關香港未來。1991 年到 1993 年，我獲派在英國倫敦警署工作。那個時代很多港人會認為留在英國更明智，但我之所選擇去英國，也讓我孩子跟著過去，就是要讓我的家人們感受一下寄人籬下、二等公民的生活。所以，兩年過後，我和家人達成一致，選擇回港繼續生活。這也是一種教育。

記者：2019 年香港「修例風波」發生時，您的感受是怎樣的？

鄧竟成：1997 年，我親眼見證了國旗、區旗升上了旗杆，深知其背後是幾代人的付出。當我看見國旗被扔進海中，真的非常不開心。為什麼這些年輕人會用那麼激進的方式去侮辱自己國家的旗幟？所以，這些年，我也常常到香港本地學校講解基本法。我希望通過分享自己的人生經歷，令學生理解基本法及「一國兩制」的重要性及意義。

回歸 25 年是「50 年不變」的中點站，這是一個好的契機，去幫助年輕人認清自己的角色，建立正確的國家觀念。

（本文首發於 2022 年 6 月 30 日）

港故事

香港回歸祖國25年25人訪談錄

1997—2022

我們是「金融抗洪」，
保衛香港這個市場。
如果什麼都不做，
將會一發不可收拾。

馮志堅
香港金銀業貿易場永遠名譽會長

時任中銀國際證券公司總經理
幫助特區政府「護盤」打走「金融大鱷」

1998

原中銀國際證券總經理馮志堅講述迎戰亞洲金融風暴始末

那場保衛戰沒得退縮，不能就範

◎ 陳彧　陳晨　張治伊　許曉鑫

1998 年 8 月 14 日，面對意圖通過操控利率、股票和期貨定價牟取暴利的投機者，香港特區政府在請示中央政府後，宣佈動用外匯儲備於股市及期指市場入市，打擊炒家操控市場的行為。

「其實早在當年 3 月，中央政府便宣佈『將不惜一切代價維護香港的繁榮穩定，保護它的聯繫匯率制度』，成為香港戰勝金融風暴襲擊的堅強後盾。」時任中銀國際證券總經理的馮志堅，1998 年也受邀參與了香港特區政府的這次護盤行動。

「那時我們叫『金融抗洪』，對方如同洪水一般想沖垮香港的金融市場，我們要去阻擋……在那個時刻，如果什麼都不做，缺口只會越來越大，一發不可收拾。」2022 年的暑天，72 歲的馮志堅已頭髮花白，與記者漫步在通往港交所的天橋上，回憶起那個沒有硝煙、沒得退縮的戰場，輪廓還是那麼清晰。

金融抗洪
中央的「加持」非常重要

1997 年亞洲金融風暴開始席捲東亞大部分地區，同年 10 月 23 日，香港聯繫匯率制度首次受到國際金融炒家狙擊。他們先是大量直接拋售港幣以兌換

● 香港金銀業貿易場永遠名譽會長、原中銀國際證券總經理馮志堅

美元，同時在期貨市場上購買大量期貨合同。香港銀行同業拆息一度颷升到 300%，恒生指數和期貨市場指數下瀉 1000 多點。

　　嚐到了甜頭的投機者們，在 1998 年又再次玩弄同樣的手段，將目標對準了香港。讓他們想不到的是，年輕的香港特區政府在請示中央政府後，動用外匯儲備於股市及期指市場入市，打擊炒家操控市場的行為。

　　記者：您最早是何時感受到金融風暴的來臨？香港當時否採取了什麼相應措施？

　　馮志堅：我的工作要求我每天都要盯著金融市場交易，久而久之也培養出一些直覺，對不尋常動態我都會特別警惕。1997 年 9 月開始，我發現未平倉合約數量大幅增加，到 1998 年 4 月已經累積到相當大的數字。那時候市場上已經有很多議論。大家都覺得，這些海外的投機基金不尋常。

　　1998 年 4 月到 8 月，投機者更是大手操作，通過沽股票、沽期貨指來推

低香港恒生指數，對香港的金融市場造成了很大的衝擊。港股由最高峰的一萬六千多點跌到了六千多點。

我們也發現，投機者們在 1997 年針對港元的聯繫匯率做了一個更加重要的部署，就是以利潤為誘因，用美元抵押向商業銀行借入大量長期的港幣，悄悄囤積到一定程度後再去市場大量拋售。

港幣匯率下行，金管局只能拋出美元買港幣，同時加息增加借貸成本。加息讓商業銀行出現利息差，金融市場被打亂，導致股市下跌，然後波及到樓市。房地產平均價格跌五成，當時 1996、1997 年很樂觀買了樓的人，全部變成負資產。

記者：那轉折點對您來說發生在什麼時候？

馮志堅：1998 年 8 月 13 日晚上，我是在一個宴會上接到電話的，當時的金管局總裁任志剛先生通知我去參加一個早餐會。8 月 14 日我趕到金管局一看，到會的人除了金管局要員，還有其他三家券商的老總。

任志剛當時直接切入正題，「我等一下就要入市了，你們做不做？」「做！」我們幾家券商毫不猶豫地答應下來，這個保衛戰沒有人不願意去打。然後金管局就逐個分配了任務，並給了我們新的電話，這個電話只能他們跟我單綫聯繫，要 24 小時開著。

當時社會其實並不支持特區政府入市，認為這是市場行為。但在那個時刻，如果什麼都不做，缺口就會越來越大。這確實是一個非常傷腦筋的考慮，我們很擔心市場系統性風險，如果整個市場崩潰就很難恢復。

中央政府宣佈「將不惜一切代價維護香港的繁榮穩定，保護它的聯繫匯率制度」。這個表態對我們非常重要，相當於給香港打了一劑強心針，也讓全世界知道中央是要維護香港金融市場穩定、健康。

記者：作為中資機構，當時中銀國際是如何參與香港這場金融保衛戰的？

馮志堅：當時金管局會選我們加入，主要也是我們有這個實力。中銀國際有 10 個牌照，所以有 10 個交易席位在交易所，每一個交易席位最多可以容納十台交易終端機。

● 1997 年亞洲金融風暴開始席捲東亞大部分地區

　　最後在 1998 年 8 月 28 日恒指期貨合約結算日當天，我們用了 10 台終端機全部買滙豐銀行股票，動用了 300 億港元。當天成交額有 700 多億港元，我們佔了接近一半。這在當時是非常少見的，要知道 1997 年香港股市日均交易量不夠 200 億港元。

　　當時我們叫「金融抗洪」，對方（投機者們）如同洪水一般想沖垮香港的金融市場，我們要去阻擋。對方當然希望價格越低越好，價格越低他們就輸得越少。而我們就是要守住。

　　香港特區政府 8 月 14 日入市的時候，恒生指數才 6000 多點，到 8 月 28日已經站穩 7800 點。

　　記者：您認為香港能挺過這場危機的原因是什麼？

　　馮志堅：8 月 28 日後，其實當時我們也不知道贏了沒有，直到過了那個週末之後，我們發現未平倉量（Open Interest）萎縮下來了，這場金融戰爭才算真的結束了。那時候大家都精疲力盡了，決策層也非常辛苦。但我們最後打退了投機者，這是非常開心的。

　　我想，自信心是非常重要，所以說中央的「加持」對於我們打退國際金融大鱷非常重要。特區政府班子、財經官員能轉變思維，對大局有清晰的認知，對保衛香港這個金融陣地有決心，有能力，也有辦法。

金融創新
撲克麻將放在一起打

　　香港特區政府成功打退國際金融大鱷之後，馮志堅也在 1998 年 10 月獲選為香港立法會金融服務界功能界別議員，為香港完善金融市場監管提供了許多專業建議。

　　「人們常說行走江湖 50 年，我是行走中環 50 年。」在通往港交所的天橋上，馮志堅抬起手指向遠處的中銀大廈感慨，他在中環換過三次辦公室，也見證了不少新樓拔地而起，但每次走過中環街道還是有熟悉的感覺，「中環的內涵沒變。成熟的工作機制、世界各地的人才都是中環的內涵」，加上在「一國兩制」的制度優勢下，這裡只會不斷進步，不斷吸納更多國際資本。

　　記者：經歷過 1998 年這場金融風暴後，香港金融界有無什麼「心得」？

　　馮志堅：以我差不多 50 年的金融市場執業生涯來說，尤其是 1998 年代表特區政府入市打走國際金融大鱷後，我就更看到市場發展的不足。所以，我有機會進入立法會後，就提出了很多改進、改革市場的建議。特區政府因為有這樣的「切身體會」，所以把過去零零散散的法例進行整合，推出《證券及期貨條例》，規範了市場，也讓市場的發展更加健康，讓監管更加有效。

　　所以當 2008 年環球金融風暴在歐美發生時，我們受到的衝擊並不大。一是因為有了 10 年前的教訓；二是中國的經濟實力更強了。

　　一直到現在，我相信現在一般的投機行為是衝擊不了香港的，但這也不代表香港金融市場是牢不可破的。隨著全世界的資本越來越多，短線投機、操作的熱錢越來越多，電子金融的發展加快了資金的流動，也讓這些流動更加隱

● 馮志堅（左）在中環向記者介紹香港交易所歷史

蔽，很多潛伏的金融危機、隱患也依然存在。

所以我們要建立一些「防火牆」，不能因為市場做大了就認為很強大，也要完善制度、提升市場監管水平和能力，去平衡監管力度和市場活力，這需要不斷探索、演變，是一個動態的管理過程。

記者：在香港經歷了社會的動盪與疫情的衝擊後，您對鞏固和提升香港國際金融中心地位，有哪些建議？

馮志堅：香港現在掛牌上市的公司已經有兩三千家，市值已經達到幾萬億港元，提供了大量的投資機會，所以香港也是一個能夠吸引全世界資金的「聚寶盆」。聯繫匯率從 1983 年發展到現在已經接近 40 年了，也越來越牢固。

香港要提升國際金融中心地位一定要緊靠我們的國家，只有國家強、國家好，香港才會好；香港做得好，國家也會有好處。所以「一國兩制」的優勢會越來越明顯，也一定要堅持下去，不斷完善。「一國兩制」下，香港作為我國的一個特別行政區，對內地來說是一個境外金融市場，對世界來說是一個國際金融中心。未來，香港需要發揮更加獨特的作用，要鼓勵金融創新，敢做排頭兵，敢為天下先，在一些領域為國家先行先試。當然我們也要有清晰的思維，不是人有我就要有，人玩我就要玩，不要跟著人家玩。

就像人家打撲克，而我們是打麻將。我們不能整天想著跟著別人去打撲克，但也沒法強制人家跟我們打麻將。但如果麻將、撲克可以放到一起，讓兩套規則融合，大家可以一起玩，這就是一個創新。過去是人家定好遊戲規則，我們來參與，受對方限制。但現在我們有很大的市場需求和潛力，我們有自己的規則，也歡迎國際資本來參與。

跨界創業
做奶茶與做黃金一樣不要怕外行

2003 年從金融戰場退下來，馮志堅出人意料地謀劃開起奶茶店。第一家店不是選在打拚了半輩子的中環，而是選在灣仔春園街。在顏色不一、高矮不

同的唐樓簇擁中，馮志堅站在奶茶店門前告訴記者，他從小就生活在這條街道，幾十年過去，這裡依然是灣仔最具生活氣息的一條街。「站在店門口，可以聽見行駛在莊士敦道東電車的叮叮聲。」他說，「香港有很多美好的東西，一些東西能夠傳承下來，這就是生活，也是初心。」

記者：您為什麼要開奶茶店？

馮志堅：我們從小就喝這個奶茶。一種西方引進來的東西，我們加奶加糖來喝，然後變成香港一個很大的地方特色食物，在 2017 年的時候還被特區政府納入非物質文化遺產。我就會想，第一我們要讓更多人喝到好的茶，第二要讓這個茶傳承下去，在年輕人中繼續有沖茶的好師傅。

記者：這個生意果然很好，您把奶茶店從香港開到了大灣區內地城市。

馮志堅：粵港澳大灣區是一個很大的市場，大家文化相近、語言相通，飲食習慣也差不多，這些方面都是有利於我們拓展業務的。而且現在越來越多香港人到內地城市發展，加上內地本身很多人都喜歡香港的飲食，我相信可以

● 師傅正在調製港式奶茶

藉助大灣區打入整個內地市場，甚至以此將香港這個很獨特的茶文化推廣到全世界。

記者：聽說您是和年輕人一起開這個奶茶店。

馮志堅：我當初入銀行做黃金的時候一樣是外行的，一樣是什麼都不會的。我現在做奶茶，和當年做黃金，都是同一個理念去做的。做奶茶不等於一輩子做奶茶，它只是一個向上游的基礎，可以舉一反三，做成功一個東西可能轉向其他行業也會做得更成功。所以我們說行行出狀元。

我覺得我是可以帶動年輕人的，帶著他們一起創業。

（本文首發於 2022 年 7 月 8 日）

港故事

1997 — 2022

香港回歸祖國25年25人訪談錄

「全國人大**首次釋法**，

解決了特區自己無法解決的問題，

將中央和地方關係

擺在一個 正確的地位。」

梁愛詩

香港特區候選人資格審查委員會非官守委員

時任香港特區政府律政司司長

1999

香港特區首任律政司司長梁愛詩詳解回歸後險發的「憲制危機」事件

全國人大首次釋法確保《基本法》的正確理解和實施

◎ 陳晨　許曉鑫

　　1999 年 1 月 29 日，香港特區終審法院對港人內地子女居港權案件作出判決，除擴大了擁有居港權的港人內地子女的範圍，導致香港人口十年內增加 160 多萬，給香港社會造成無法承受的嚴重後果外，終審法院還提及它對全國人民代表大會和全國人大常委會的立法行為有「違憲審查權」。這個裁決引起香港與內地強烈反應。

　　「這幾乎引起憲制的危機。因為一個地方政府的最高法院也不可以更改全國人大或者人大常委會的決定。」看著終審法院的裁決，作為香港特區首任律政司司長的梁愛詩意識到，這是挑戰特區憲制秩序的嚴重問題。1999 年 5 月 18 日，香港特區政府向國務院提交報告，由國務院提請全國人大常委會解釋香港基本法。1999 年 6 月 26 日，全國人大常委會釋法列明，港人在香港以外所生子女，依照基本法有關規定須循合法途徑來港，才享有居港權。

　　「這是全國人大首次對基本法進行釋法，解決了特區自己無法解決的問題，避免人口激增帶來不可承受的壓力，更重要的是，它把法律解釋的制度建立起來，確保基本法的正確理解和實施，將中央和地方的關係擺在一個正確的位置。」回歸 25 年後，香港中環雲淡風輕，年過八旬的梁愛詩風采依舊，一

● 香港特區政府首任律政司司長梁愛詩

頭銀髮搭配藍色西裝套裝盡顯氣質優雅，與記者行走在香港特區終審法院大樓外的走廊，就如何評價「一國兩制」在香港的實踐成果、如何看待憲法和基本法的關係等親歷的熱點問題，坦率直言、直抒胸臆。

確立法律解釋制度

1997 年 7 月，年約 10 歲、父親為香港永久居民的吳嘉玲偷渡來香港，未能獲得居港權，引發爭議。隨後，特區政府向臨時立法會提出入境條例修訂條例，實施居留權證明書計劃，規定有關人士必須持有附貼有效居權證的有效旅行證件，才可確立基本法第二十四條二款第（三）項所指的香港特區永久性居民身份。吳嘉玲在父親的代表下，向法庭提出司法覆核，稱入境條例有關修訂違憲。

終審法院於 1999 年 1 月 29 日裁定，香港市民在內地所生子女，不論有無單程證，不論婚生或非婚生，不論出生時父或母是否已成為香港永久居民，均擁有居港權，吳嘉玲勝訴。

輿論一片嘩然。

特區政府當時估計，倘若依照終院裁定執行，10 年內香港人口將增加 167 萬，對房屋、教育、醫療、社會福利造成沉重壓力。更令人擔憂的是，終審法院在裁決中還提及，它對全國人民代表大會和人大常委會的行為有「違憲審查權」。特區政府隨即申請法庭澄清有關全國人大的言論。1999 年 2 月 26 日，終審法院作出澄清說明，確認它的司法管轄權來自基本法，並受基本法條文約束，如全國人大常委會對基本法作出解釋時，特區法院不得質疑，並要以該解釋為依歸。在這一聲明基礎之上，時任香港特區行政長官董建華於 5 月 18 日向國務院提交報告，由國務院提請全國人大常委會解釋基本法。

記者：既然終審法院已經作出澄清，當時特區政府為什麼還要向國務院提交報告，由國務院提請全國人大常委會釋法？

梁愛詩：一個地方政府的最高法院不可以更改全國人大或者全國人大常

●《中華人民共和國憲法》《中華人民共和國香港特別
　行政區基本法》書影

委會的決定，亦是普通法的原則「國會至上」，所以當時特區政府需要請法庭
澄清。在澄清聲明公佈之後，行政長官仍需向國務院提交報告説明，特區政府
執行基本法時遇到自身無法解決的困難，由國務院提請全國人大常委會作出法
律解釋。1999 年 6 月，全國人大常委會釋法列明，明確只有父母取得居港權
後在香港以外所生的子女才能獲得居港權。

　　記者：這次釋法卻在香港社會引起了一些爭議，基本法中已經寫明「本法
的解釋權屬於全國人民代表大會常務委員會」，他們為什麼反對？

　　梁愛詩：因為當時兩個制度的不同。按照普通法，最有權威去解釋法律
的是法院，是司法機關，那他們認為由立法機關——全國人民代表大會常務
委員會來解釋基本法和他們熟悉的制度不一樣。他們擔心法律解釋可以修改基
本法，還有人質疑釋法是否會干預司法獨立。

　　其實不是的。法律解釋只可以補充、澄清法律，但是不可以修改《基本
法》的。因為他們對憲制不了解，對全國人大常委會的法律解釋的權力不了
解，所以才會有這些質疑。

　　記者：您當時感覺壓力大嗎？

梁愛詩：當然大。在出任律政司司長前，我一直都是在私人執業領域服務，把當事人的案件辦好了就是完成了任務。當我由私人執業轉為公眾服務，要面對的是當時香港的六百多萬人，要大家都理解和接受是一件不容易的事情。尤其是在新憲制秩序建立的初期，很多東西都需要摸索，因此我覺得責任是很重大的。

在做一些重大事件之前，我們都會跟立法會議員溝通，告訴他們我們準備做什麼。我們希望儘量解釋，讓他們自己去了解事實。

記者：您如何看待全國人大首次釋法的歷史意義？

梁愛詩：經過了 1999 年 6 月全國人大常委會首次釋法，我們就將法律解釋制度建立起來，這對香港的法制建設是非常重要的。

這次法律解釋能夠解決香港自身難以解決的問題，包括避免人口激增給香港帶來不可承受的壓力，有助於穩定香港社會秩序，更重要的是將中央和地方的關係擺在一個正確的地位，即是我們只可以解決本地的法律問題，基本法的修改權和解釋權，都在全國人大常委會，這確保了基本法的準確實施。

釋法讓大家了解中央和特區的關係

由於香港與內地實行不同的法律和司法制度。在世界上第一個「一國兩制」政治模式框架下，兩種不同法律制度在磨合過程中，不可避免地會產生一系列法律敏感問題。在梁愛詩主持律政司 8 年的兩屆任期內，全國人大常委會曾 3 次就《基本法》釋法，幫助香港平穩度過了回歸初期兩種不同法律體系的磨合期。

2006 年 3 月，全國人大任命梁愛詩為香港基本法委員會副主任，直至 2018 年卸任。期間，全國人大常委會分別於 2011 年及 2016 年對基本法作出解釋。

每一次，都將律政司或法學者推到矛盾的風口浪尖之上；每一次，身材嬌小的梁愛詩都勇敢地站在輿論「聚光燈」下，憑藉法學專業人士的睿智和政

● 梁愛詩在終審法院

● 香港特區終審法院

治家的決策力做出最有力的回應。

　　記者：您認為 5 次釋法對香港憲制的建立有何影響？

　　梁愛詩：第二次及第三次釋法，涉及行政長官的選舉辦法和立法會的產生辦法。某些人認為這是香港的事，中央政府不應該管。但是一個地方的政府是沒權去決定或修改它的政治體制，這個權力在中央。第四次釋法，則明確香港法院對外交事務無管轄權。第五次釋法，則是維護國家主權及遏止「港獨」。所以經過這「五步曲」，大家更加了解中央和特區的關係是一個從屬的關係、一個上下的關係、一個領導和被領導的關係。當兩地法律制度有矛盾的時候，也可以用法律解釋去解決。

　　記者：在這期間，您也不斷在向公眾解說「釋法」的必要性。

　　梁愛詩：解説的工作很重要。如果只有一個法律文書，老百姓不明白你在做什麼。其實，香港 25 年來爭議的最主要原因，是大家對憲制不明白，對基本法條文不明白，也沒有仔細學習。如果接受我們的憲制，接受基本法和憲法的時候，很多事是順理成章的。如果你不認識，不接受，就説每一次有事都是中央干預香港。比如好多人提出，基本法都沒寫「中央全面管治」。其實基本法通過的時候，第 12 條已經寫明，特區是一個地方政府直轄於中央人民政府。直轄就是全面管治的意思。

香港《基本法》是有生命力的

　　2018 年，梁愛詩卸下公職後，仍不時通過接受媒體採訪或到訪學校等方式，向社會解說憲法和香港基本法。受訪期間，她特意帶領記者參觀了位於中環晨臣道 8 號的終審法院大樓。梁愛詩告訴記者，她最初成為律師時，就在這棟大樓申請執業。

　　如今，這棟大樓已矗立百年，不僅經歷了社會的發展變遷，更見證了香港法治穩健前行的軌跡。在她看來，「一國兩制」史無前例，香港在落實「一

國兩制」的過程中，走在了歷史的前面，承擔了「最有意義的任務」，也必須走一條適合自己實際情況、有別於西方民主的道路。

記者：您一直致力推動香港與內地法律界的交流及合作。

梁愛詩：自 1981 年開始，香港和內地已經有各種交流活動。2003 年《內地與香港關於建立更緊密經貿關係的安排》（CEPA）簽署後，香港律師與內地律師可以在內地聯營律所，更是增進了互相了解。我經常説，我們不是去搶飯碗，而是大家合作起來開「第三條跑道」。比如內地公司在香港上市，既需要內地律師提供服務，也需要香港律師幫助申請，所以兩地律師是可以合作的。

現在，香港律師已經可以考取粵港澳大灣區的律師執業資格，最重要是能夠發揮香港獨特的作用，帶領大灣區其他城市共同發展。

記者：您認為香港的獨特優勢是什麼？

梁愛詩：我很同意習近平主席所講的，「中央政府完全支持香港長期保持獨特地位和優勢，鞏固國際金融、航運、貿易中心地位，維護自由開放規範的營商環境，保持普通法制度，拓展暢通便捷的國際聯繫。」在大灣區內，香港是唯一一個實施普通法的地區，這對內地企業到國外投資，或者外國企業到內地投資，都提供了一個好的法治條件，這是一個優勢。

記者：在您看來，香港國安法實施、完善選舉制度落實，會影響香港的法治環境嗎？

梁愛詩：香港國安法的實施，其中一個效果是止暴制亂，使社會恢復秩序。完善選舉制度能夠落實「愛國者治港」原則，能夠讓行政、司法、立法權不會落在一些損害香港人、損害國家利益的人手裡，這是保障我們的政治安全。尤其是在香港國安法的條文裡面，明確了「尊重和保障人權」原則，也寫入了普通法的法治原則，譬如無罪推論、一罪不能兩檢，這些都是尊重香港法律制度、尊重普通法原則的體現。

現在被控告的那些人，不是因為他們反對政府，而是他們真的犯了法，因損害國家或香港的利益而被檢控，犯了刑法被檢控。無論你是什麼人，如果

你犯法，就要受法律的檢控，受法律制裁，這是法治的體現。

記者：您曾經提到過，回歸之後基本法和憲法需要經歷一個磨合期。經過 25 年後，您覺得磨合的效果如何？

梁愛詩：憲法和基本法是香港法治的基石，給我們一個很穩健的制度，兩者都不是輕易修改的，需要三分之二的全國人大代表通過才能修改，但同時基本法是靈活的、是有生命力的，隨著社會的變化而不斷發展。所以，當一個靜態的憲法與動態的基本法結合的時候，其實是一個很好的法律制度，讓我們可以繼續往前發展。只要香港發揮它的優勢，我覺得肯定是越來越好的，前景是燦爛的。

（本文首發於 2022 年 7 月 16 日）

港故事

香港回歸祖國25年25人訪談錄

「數碼港初期發展
　　沒有預想順利，
現在已經成為一個重要園區，
　　去落實香港創科的發展。」

陳細明

香港數碼港董事局主席

2000

香港數碼港主席陳細明直面二十年前爭議

數碼港是創科龍頭還是地產蛇頭？

◎ 陳晨　許曉鑫

從繁華的中環驅車出發，經過停滿大小漁船的香港仔避風塘，沿著山路逶迤而行，大約 40 分鐘，就會來到位於鋼綫灣的數碼港——香港著名的創科發展及創業培育基地。

2000 年 3 月，香港特區政府正式提出「發展數碼港」計劃，果敢創新的規劃方案讓很多人對「數碼港」抱以「香港矽谷」的厚望，冀望它能帶動香港經濟新增長。但數碼港隨後的發展卻不盡人意，一度被外界質疑為圈錢的房地產項目，名聲在外，卻毀譽參半。

「很多人會把數碼港和貝沙灣混為一談，其實是兩個部分。數碼港是通過物業等收入去支撐創科行業的發展，並可以實現數碼港生態系統的自我維持。」面對紛紛攘攘的爭議，從知名銀行高管「跨界」成為數碼港董事局主席的陳細明「毫不怯場」，在接受記者專訪時，不僅回應了外界二十多年來的質疑，還細數數碼港發展家珍，力證數碼港仍然是香港創科發展的信心之選。

初遇逆境
最早入駐僅 50 個機構被質疑為地產項目

經歷了自 1997 年下半年以來近兩年的亞洲金融風暴衝擊之後，香港經過反思，對在本港發展創新科技和高科技高增值產業，已逐漸形成共識。

● 香港數碼港主席陳細明

　　1999 年 3 月，數碼港計劃出爐。一年後，香港特區政府正式提出「發展數碼港」計劃：倡議設立數碼港，提供重要的基礎建設，吸引資訊服務公司彙聚香港。

　　2000 年 5 月 17 日，香港特別行政區政府與盈科數碼動力簽立數碼港計劃協議書。協議書訂明，當數碼港落成啟用後，除住宅部分外其所有業權及管理權均需交回香港特區政府。香港特區政府豁免數碼港地價，同時附屬的住宅發展項目作為計劃籌集資金的一種方法。

　　正是由於數碼港投資與物業地產項目發生了聯繫，因此被許多人簡單地把二者聯繫起來，即把它等同於一項地產計劃。

　　儘管特區政府一再聲明「數碼港不是一項地產項目，而是一項資訊科技及服務界的策略基建項目」「建數碼港存在的風險全由盈科負責，政府和納稅人是不負責的」，但在 2003 年啟用後不久，數碼港發展不如預期，認為其為房地產項目的爭議不斷。

　　記者：您如何看待這些年外界對數碼港的質疑？

　　陳細明：數碼港不是一項地產項目，而是一項資訊科技及服務界的策略基建項目。很多人把數碼港和貝沙灣混為一談。其實當時是兩個部分，數碼港

● 香港數碼港

● 香港數碼港

是一個自然單位，我們公司的成立目的不是地產發展，而是通過這些物業收入或資源去支持創科行業的發展，並可以自我去維護、維持生態系統。

記者：但數碼港的確經歷過一段低潮期，沒有收到振興本港科技產業的預期效果。

陳細明：過去二十多年，數碼港伴隨著香港創科環境的變化有著發展上的演變。2000 年左右，互聯網泡沫破滅；2003 年，香港遭遇 SARS。一連串的打擊令香港的經濟受到比較嚴重的影響，對在初始階段的創科行業，造成了一定的衝擊。SARS 疫情後，香港的產業更加側重於經濟的復甦和發展。原有的工商及科技局也改名為商貿及經濟發展局。在那段時期，香港的創科停留在一個慢速的發展階段。

記者：2003 年啟用的時候只有 50 個機構入駐，使得數碼港飽受詬病。

陳細明：當時外部經濟大環境可能使創新生態有所缺失，也沒有指導機構。但實際上從 2005 年開始，數碼港就推出了孵化計劃，培育公司。2015 年，香港特區政府成立創新及科技局，負責制訂全面的創新及科技政策，結合「官產學研」，進一步從頂層設計上加速香港的創新、科技及相關產業的發展。與此同時，一家家數碼港資助培育的科網公司也在作為「成功案例」被廣泛分享，激勵著更多有著科技創業夢的香港年輕人，數碼港也逐漸成為了香港金融科技的大本營。

煥發生機
15 萬個創科職位對人才有巨大吸引力

事實上，數碼港有意成為第二個矽谷，並非遙不可及。

與陳細明走在科技感滿滿的數碼港內，記者隨處可以發現這個興建於 20 多年前的建築頗為「超前」：樓宇間以玻璃長龍貫通流動，可使數碼港內人員快捷到達任何一個地方；辦公室配有先進的光纖網絡，以及與全球聯絡的高速寬頻通訊設備，以滿足國際頂尖資訊服務公司的要求等等，放置現今也毫不

落伍。

而從行業大環境看，股市成就了一批科技公司。大部分投資者開始打破傳統的投資偏好，看到新經濟和科技的潛力。

過去五年，香港特區政府史無前例地投入 1500 億港元，不遺餘力地推動創新科技，帶動產業發展熱潮。2021 年數據顯示，香港初創企業達近 4000 家，數量比 2015 年增長 2.6 倍。在《2021 年世界數碼競爭力排名》中，香港位居亞洲之首、世界第二。

這也意味著，數碼港圓夢的機會來了。

記者：2015 年，創新及科技局的成立，對數碼港發展有何影響？

陳細明：創科局成立了，香港就有一個正式的主打部門去領導創科的發展。實際上，這也是香港創科界一直想爭取的一個舉措。到了上一屆政府，更是將創科視為重點發展的項目。過去五年，我們看到政府投入 1500 億港元，包括招攬人才，擴建數碼港及科學園，甚至北部都會區的規劃等等。當然，這也是因應國家的重視，香港的創科就此開始高速發展。對數碼港來說，作為香港創科的一個重要園區，過去五年在支持和配合政府的政策，落實香港創科發展的同時，也進入了自己的高速增長期。

記者：您恰好是在這個高速期被任命為數碼港董事局主席。您如何看待這樣一個增長期？

陳細明：25 年來，我既做金融也做科技，在兩個行業都積累了經驗，也讓我看到了數碼港發展的潛在動力 —— 創科是它的主命題，也是它高速發展的動力，但卻不是唯一。

其實，創科早已不是一個獨立個體，它和不同產業的運作息息相關。以我熟悉的銀行工作舉例。目前，銀行間的競爭十分激烈，所以與金融相關的科技也是每間銀行必須掌握的競爭工具，以提高銀行的工作效率和整體發展。從這一角度來說，香港作為國際金融中心，更應該重視創科發展。

記者：您希望從哪一方面發力？

陳細明：我覺得培養專業人才是很重要的。多年以來，香港缺乏各類資

● 陳細明（右）帶記者參觀數碼港

源，但不缺人才。不可否認的是，過去一段時間，香港社會更重視爭取短期盈利、「用錢找錢」的行業。從 2000 年開始，金融業、地產業、旅遊業等服務行業是香港經濟發展的主要動力來源，當時的人才培養就很自然地向這些行業傾斜，涉及創科方面的人才培養則看不到大的成果。大概從十年前開始，業界認識到香港的經濟不能再如此單一，所以從政府到學校再到企業，都開始加大資源投入，培養創科人才。

另外，香港擁有雄厚的科研實力，一共有五間大學躋身全球百強。我相信人才會是香港未來創科成功的一個關鍵。

記者：如今數碼港對人才特別是年輕人的吸引力大嗎？

陳細明：吸引力是大的。年輕人在一個行業最主要看幾件事：第一，看行業的前景。國家「十四五」規劃綱要支持香港建設國際創新科技中心，更好融入國家發展大局，深化香港與內地創科合作關係。從國家的重視到特區政

府、社會各界的支持，這個行業的前景就是好的。第二，看個人的提高及成長。創科是一個很好的，可以讓個人提高的平台。第三，看就業機會。香港曾經有調查指出，未來十年，香港需要 10 萬個創科職位。如果加上北部都會區，則有可能會創造接近 15 萬個創科職位。很自然會有一部分年輕人為了自己的職業生涯去考慮創科的前景。

所以，有國家和特區政府的重視，配合一個有前景的市場，再加上自我提高的機會，創科的確是一個有吸引力的行業，也是一個值得年輕人投入的行業。我相信，數碼港在這方面有一定的優勢，也是機會。

創科崛起
以大灣區整體去看香港創科未來

七月的香港，雲淡天高。站在數碼港共創空間外的露台，陳細明指著遠處正如火如荼開展的第五期擴建工程，躊躇四顧地說：「2025 年完工後，數碼港面積將增加超過四成，可容納大約一百家普通規模公司，以及七百家初創企業或創業家進駐。」

相比起 22 年前的夏天，如今的數碼港已彙聚超過 1800 家初創企業和科技公司，當中包括近 400 家金融科技公司，是香港最大的金融科技集群。其中，更湧現出物流平台 GOGOX、旅遊平台 Klook、香港虛擬銀行 WeLab、香港電子錢包 TNG、區塊鏈遊戲公司 Animoca Brands 等科技獨角獸。特別地，面對眾多香港科創團隊面臨的「科研落地和產業化」難題，已與深圳市前海管理局簽署合作備忘錄的數碼港吸引了更多初創團隊或企業的注意力。

凡是過往，皆為序章。隨著歷史遺留的爭議漸漸褪去，見證了二十多年香港科創興衰的數碼港，將在香港由治及興的新篇章下，續寫東方之珠獨特的創科之夢。

記者：您如何評價目前數碼港的創科生態？

陳細明：做創科有兩件事是很重要的，第一，是否真的貼合市場需要，是不是有最終用家；第二，是否有足夠資金支持。所以，在財經事務及庫務局委託下，數碼港推出了「拍住上」金融科技概念驗證測試資助計劃。通過這個計劃，我們幫助初創團隊與多間金融機構配對，以驗證他們的理念或創新產品是否可行。若通過驗證，團隊可獲得政府提供的資助。這是金融科技方面的一個例子。另外，這幾年數碼港和很多機構簽了 MOU（相互合作認證）。今年（2022 年）6 月，我們和香港鐵路公司也簽了 MOU。數碼港希望扮演一個推動者的角色，幫助初創公司和市場的最終使用者相互結合。數碼港還有不同的社群，譬如投資者社群。我們可以幫助初創團隊聯絡到投行或投資人。我們還有專業服務公司的網絡，包括會計師、律師等方面。

我們要創建一個完整的生態系統，推動產業鏈上中下游融通發展。最近幾年，數碼港先後出了六支科技獨角獸，是因為我們整個生態能支持到這些公司的成長和產出。

記者：數碼港未來的發展目標是什麼？

陳細明：數碼港有三大目標：第一，推動數碼科技的發展；第二，提升對香港經濟的幫助；第三，是人才的培養。我們和不同的院校、機構舉辦研討會、講座等等，希望香港的年輕一代可以了解創科是一個比較好的發展機會。在這方面，不止是我，還有所有的數碼港員工，一定也有這種使命感。

當然，我們的服務範圍或對象不僅限於香港。隨著香港初創企業在大灣區內地城市的發展，我們也需要去幫他們，並鼓勵他們可以和內地機構或企業多些聯繫。目前，數碼港內有兩三百間公司和內地的單位或機構保持密切聯繫。我們的服務範圍也會投射到大灣區內地城市相關的企業和相關的單位。

我認為，大灣區很重要的一點就是「各取長處」。舉例來說，香港在上游的科研實力是強的，國際地位也比較優越，吸引了很多外國學者來港從事科研工作。而在中游開發的階段，廣東省的深圳、東莞、廣州南沙等地都有很強的優勢。到了下游階段，一方面可以通過內循環，通過廣州等城市輻射到全國各地；另一方面，也可以通過香港的國際網絡再進一步融資，打進國際市場。所以，要以一個大灣區的整體去看香港創科的未來，數碼港也必須

配合大灣區的發展。

記者：您對數碼港的未來充滿期待。

陳細明：是的。在國家希望香港成為國際創科中心的前提下，香港特區政府對創科行業非常重視，社會各界也對創科抱有很大的期望，所以，數碼港希望推動創科的發展，希望幫助創科公司茁壯成長並推進香港的經濟，大灣區的經濟共同發展。我也希望藉著數碼港良好的環境可以多培養年輕人，希望他們可以為香港、為大灣區、為國家作出更多的貢獻。因為，年輕人就是未來，年輕人的未來就是香港的未來。

（本文首發於 2022 年 7 月 23 日）

港故事

1997—2022

香港回歸祖國25年25人訪談錄

2001

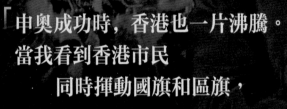

「申奧成功時，香港也一片沸騰。
當我看到香港市民
　　同時揮動國旗和區旗，
感覺這真的是
　　『一國兩制』的最好體現。」

霍震霆

全國政協委員、霍英東集團主席、國際奧委會委員
中國香港體育協會奧林匹克委員會會長

時任北京奧申委委員

2001

香港首位國際奧委會委員霍震霆談北京申奧細節

體育是香港最能顯示「一國兩制」優越性的領域之一

◎ 陳晨　許曉鑫

2001 年 7 月 13 日，莫斯科，國際奧委會第 112 次全會，時任國際奧委會主席薩馬蘭奇打開手中的信封，唸出——「BEIJING」。現場的中國申奧代表團瞬時一片歡騰。北京憑藉突出的優勢，在五個奧運會申辦城市中脫穎而出，奪得 2008 年奧運會舉辦權。

當時不僅是香港首位國際奧委會委員，也是北京奧申委一員的霍震霆第一時間打電話告訴父親霍英東，「我記得他就說了一聲『好呀』。之後我才知道，他放下電話就去游泳了。當時香港已是深夜，我想他是用『晚游』來表達夢想實現的喜悅。」

距離北京申奧成功已過去 21 年，八至十二屆全國政協委員、霍英東集團主席、國際奧委會委員、中國香港體育協會奧林匹克委員會會長霍震霆儘管已年過七旬，但仍然精神飽滿，頭髮梳得絲毫不亂。在位於香港上環信德中心的辦公室裡，這位為人熟知的香港霍氏家族接棒者，向記者娓娓道來：體育能凝聚人心，體育喚起香港同胞的愛國情懷，體育體現「一國兩制」的優越性，體育展現國家對香港的關懷。

有如他繫著的一條繡有奧運五環的青絲領帶，一端連著中國，一端接軌世界，中間繡著的奧運五環，正是那「體育之橋」。

● 霍英東集團主席、國際奧委會委員、中國香港體育協會奧林匹克委員會
  會長霍震霆

● 2001 北京申奧成功，霍震霆（中）在莫斯科現場喜極而泣

申奧成功
霍英東老先生深夜暢泳

自從跟隨父親霍英東先生共同推動中國體育事業發展以來，霍震霆已經參與了三次奧運會的申辦。1993 年 9 月，霍英東以中國代表團顧問的身份前往摩洛哥蒙特卡羅為北京首次申奧作最後的努力，霍震霆也陪同前往。但最終結果卻是北京以兩票之差遺憾落選，在申奧現場，霍震霆的臉上盡是失望與沮喪。

首次申奧失敗後不久，北京便開始籌備申辦 2008 年奧運會。這一次，霍震霆從父親手中接過推廣中國體育的大旗，多次奔波在申奧的第一線。根據國際奧委會規定，國際奧委會委員們不能到申辦城市訪問，霍震霆就邀請委員們到香港、廣東參觀，看這些年中國的發展變化，看到香港回歸後社會的穩定。2001 年，北京拿到 2008 年奧運會主辦權時，霍英東的健康狀況已不允許他到莫斯科現場。霍震霆第一時間用電話告訴 78 歲的父親：「爸爸，我們贏了。」

而霍震霆本人當時興奮得跳起來的一瞬則被南方日報特派記者捕捉、定格。「這張照片拍得特別好，我一直記著。」事隔 21 年，在他辦公室的書架旁，霍震霆饒有興致地介紹著每張照片背後的故事，但每每觸及父親心願，他仍禁不住眼眶濕潤。

記者：您今天戴的這條領帶很有特色，上面有北京奧運會的會徽。

霍震霆：這是 2008 年我去北京奧運會戴的一條領帶。今天我選擇戴這條領帶，就是想好好紀念一下。

記者：2001 年 7 月 13 日北京申奧成功時，您當時就在現場。您還記得當時的情景嗎？

霍震霆：在薩馬蘭奇先生宣佈結果前，我是有些緊張的，但也充滿信心，因為我知道中國的體育水平和國際地位有足夠的優勢。當聽到 2008 年奧運會的申辦城市是北京時，我們都很激動，所有人都跳起來，因為它圓了全世界華人的百年之夢。

● 在位於信德中心的辦公室，霍震霆（中）與記者分享他參與申奧工作的故事

　　北京第一次申辦奧運會是在 1993 年，我陪父親去摩洛哥，但之後的結果就是大家知道的「兩票之差」，當時我們很失望。八年之後，父親因身體情況無法和我一起去莫斯科。得知結果後，我就第一時間打電話給他說，「爸爸，我們贏了。」大家知道，霍先生的話不多，當時他就說了「好呀」。後來我才知道，當時雖然香港已是深夜，但父親還去了游泳，我想他是用夜泳來表達實現奧運夢的喜悅。

　　記者：2008 年北京奧運會開幕時，霍英東先生已經很遺憾地離開了我們。您當時作為中國香港代表隊一員進入「鳥巢」場館時，心情是不是也很複雜？

　　霍震霆：沒錯，父親與我一起走了很長的一段體育路。我記得他曾經說過，他一生中最感動的時刻是在 1984 年，看到中國體育代表團重返奧運會賽場，並取得了金牌「零」的突破，從那之後他就夢想著能在自己的國家舉辦奧

運會。但很可惜的是，2008 年北京奧運會他已經不在我們的身邊，我們當時都很懷念他。同一時間，當我第一次走進奧運會舉辦時的場館內，我能感受到所有觀眾的歡呼，對我們的歡迎；而在香港那一方，市民的愛國情懷也達到了高峰。特別地，當我看到大家同時揮動國旗和區旗，（感覺）這真的是「一國兩制」的最好體現，我想大家都以國家為驕傲。

記者：北京奧運會期間，香港承辦了非常重要的馬術比賽，您認為這對香港這座城市來說，有著怎樣的意義？

霍震霆：當北京獲得奧運會申辦權時，香港也在思考能不能有更多的參與？大家知道，奧運會眾多項目中，馬術是唯一的人與動物配合的比賽，而香港有著優良的馬術傳統，比如 100 多年賽馬歷史、世界一流的馬場建設、馬匹檢疫和藥檢設施等等。最終，國家給了香港這次機會，同時國際馬聯也同意將馬術比賽交由我們分辦。後來，國際奧委會表揚了香港的賽事組織能力，但我想最重要的是，通過舉辦馬術比賽，可以讓全體香港市民獲得更好的參與感，讓大家以奧運為榮，並增強對國民身份的認同。

體育紐帶
粵港澳三地合辦全運會不僅是體育盛事

霍震霆辦公室窗外就是一處網球場，他告訴記者，自己雖不是運動健將，但至今仍然保持著每天運動的習慣。當談起如何與體育結緣時，霍震霆的臉上浮現出一絲興奮的神情。

20 世紀 70 年代，中國當時只有極少數體育項目與國際組織有關，大多數世界體育組織把中國長期排斥在外。1974 年，霍英東已經擔任亞洲足協副主席，在亞洲足壇已經具有相當的影響力，他想利用自己的影響力幫助中國重返國際體育界。那時，霍震霆已是父親的左膀右臂，直接參與了一系列重要活動。他和父親一道為恢復中國在體育界的合法席位東奔西走，先後幫助中國恢復了在亞足聯、亞羽聯、亞自（自行車）聯等國際單項體育組織中的合法席

位，為中國在 1979 年重返國際奧委會打下了堅實基礎。

1997 年，霍震霆當選中國香港奧委會會長，並在 2001 年成為香港第一個國際奧委會委員。在北京申奧的過程中，霍震霆成了中國體育的「遊說大使」。

在霍震霆眼中，體育是香港最能顯示「一國兩制」優越性的領域之一；最愛國的時刻就是香港運動員站到世界頒獎台上，奏唱中華人民共和國國歌、升香港特區區旗的時刻。

記者：從 20 世紀 70 年代開始，您和您的父親就為了中國體育事業的發展四處奔走，中間也遇到了不少挫折，您認為是什麼原因讓您一直堅持走下來？

霍震霆：父親曾經對我說，做強體育事業就是愛國的，體育事業強弱是國家強弱的象徵。但是當我們看到中國已經恢復聯合國的合法席位後，卻無法加入國際體育的大家庭，我父親認為這是無法接受的。當時，香港有一些國際渠道，我和父親就利用這個國際渠道做一些遊說，讓其他國家多了解一些新中國的情況。整個過程是漫長的，我們要一個一個去遊說。這是值得的，因為體育是一個很好的平台，可以增進國家間的相互了解。

記者：我們知道您的父親是在年輕的時候從內地到香港，一路打拼過來的，他本身對於內地有很深的感情。像您是土生土長在香港，然後之後又去了外國留學。您當時為什麼願意幫助內地發展？

霍震霆：我們家有一個愛國愛鄉的傳統。香港回歸祖國前，我有機會和父親回到內地，當時兩地之間的發展確實有很大的差距。但之後每一次回去，我都能看到國家在不斷發展，所以我希望有一個機會能參與這個發展的過程。

記者：您曾經說過，體育是香港最能顯示「一國兩制」優越性的領域之一。

霍震霆：每次我們（香港）拿到獎牌，會奏唱國歌，同時升起（香港特區）區旗。唱國歌，代表我們「一國」；區旗升起來則代表「兩制」。比如，在 2021 年的東京奧運會賽場上，我們不僅看到了國旗和區旗同時升起的畫面，還有一幕令人印象深刻，那就是乒乓球國家隊和中國香港隊一起合影。那

● 奧林匹克銀質勳章殊榮

幅照片更有代表性，不僅代表兩地運動員分享彼此的喜悦，也讓我看到兩地體育界合作發展的未來。

在東京奧運會期間，中國香港代表隊確實取得了不俗的成績。一方面是因為年輕運動員的努力拼搏，另外一方面也離不開國家對香港的支持。特別是在廣東方面，有很多退役的運動員或者教練員來幫助香港，培養一批優秀的本地運動員。我希望這一方面的合作能夠繼續，我也想藉這次採訪，代表香港體育界，對國家的支持，説一聲最大的感謝。

記者：2025 年，粵港澳三地將合辦全運會，您有怎樣的期待？

霍震霆：全運會是中國最高水平的運動賽事，交給我們三地舉行，是對我們最大的信任。我希望，一方面通過這次盛會提高香港的運動競技水平，最重要的是要增強全民參與的意識；另一方面，通過舉辦全運會，可以增強大灣區各個城市之間的了解，特別是拉近年輕人的關係。全國人民不僅可以共享體育盛事，還能看到香港回歸祖國 25 年之後的精神面貌。

南沙情懷
希望更多年輕人參與大灣區建設

從 2008 年夏季奧運火炬到 2022 年冬奧「頂流」冰墩墩，霍震霆的辦公室更像一個小型的奧運博物館。令霍震霆感觸最深的是，通過體育這一平台，他見證了國家的飛速發展和巨大變化。

除了體育外，追隨父親多年的霍震霆還透露，由於廣州南沙地處珠江出海口和珠江三角洲地理幾何中心，早在上世紀 90 年代初，霍英東先生就有一個悠長、美麗的「南沙夢」，希望把南沙打造作為一個粵港合作的平台，實現「一小時商務圈」。

霍震霆以南沙為例，堅信融入國家發展的香港將會越來越好：「過去 25 年，是最好的 25 年；而下一個 25 年，會更好！」

記者：說起您對內地發展的見證，那南沙是一個不得不提的地方。您還記得第一次去南沙時見到的景象嗎？

霍震霆：我記得第一次去南沙，當時那裡還沒有開發建設起來，周圍一棵樹都沒有，從那之後我們就首先開始在南沙種樹。因為我覺得一個城市不能只看它的基礎設施，還要看生活環境。

記者：近期，國務院《廣州南沙深化面向世界的粵港澳全面合作總體方案》，您看了這份方案有何感受？

霍震霆：南沙有很獨特的天然環境，它面向香港、澳門兩個特區，配合一個小時的大灣區理念，就可以將粵港澳三地很好地連在一起。現在從國家到地方都出台了很多政策，我希望香港專業人士，特別是年輕人能夠更多地參與大灣區建設。對於南沙的未來，我希望能夠是多元化的發展，比如有文體元素、生活氣息，還要有文化沉澱等方面，以吸引更多的人才來到南沙。

記者：今年是香港回歸 25 週年，您如何看待香港的變化？對未來又有怎樣的期待？

霍震霆：可以這樣理解：「一國」就是我們要融入國家的發展，「兩制」是

保持我們國際城市的特色，國家可以通過香港在國際上說好中國的好故事。特別是現在新一屆特區政府已經提出來要做好具體的工作，國家也非常支持我們。我想著回歸祖國的這 25 年是（香港）一個最好的 25 年，而未來的 25 年肯定會更好。下一步最重要的是大家要團結一致，努力使香港成為中國最好的城市之一。我對香港充滿信心。

（本文首發於 2022 年 7 月 30 日）

「推行《基本法》第二十三條立法
是香港的**憲制責任**。
我有信心本屆政府能推動。」

葉劉淑儀

香港特別行政區行政會議召集人
香港特別行政區立法會議員
新民黨主席

時任香港特區保安局局長

2002

「香港鐵娘子」葉劉淑儀談特區政府管治「漏洞」該如何補上

基本法第 23 條立法是香港憲制責任

◎ 李喬新

2020 年起實施的《香港國安法》作用有目共睹，標誌著困擾香港回歸 23 年來國家安全的法律缺口得以填補，香港也得以走出困局、從亂到治。

「但實際上，1997 年香港回歸時，基本法第 23 條就規定，香港特區需要自行制定國家安全法，現在已經過去 25 年了，這個立法至今沒有通過。」2022 年夏天，少有的超高溫席捲香江，就像 20 年前那般火燙。在位於香港灣仔的辦公室內，香港特別行政區行政會議召集人、第四至七屆立法會議員、新民黨主席葉劉淑儀在接受記者專訪時，對那一年的「喧囂」仍然難以釋懷，不是因為 2002 年她作為基本法第 23 條立法的主要推動者之一，被妖魔化，而是這個同被妖魔化的條例，一直無法立法，最終成為香港特區政府管治的一個「漏洞」。「值得期待的是，新一屆政府正積極推展香港基本法第 23 條本地立法工作，我很有信心這次能順利推動。」

葉劉淑儀，香港歷史上首位執掌紀律部門的女性，曾統領香港 6 萬紀律部隊，人稱香港「鐵娘子」。2002 年，香港特區政府曾嘗試落實基本法第 23 條，但最終撤回草案。當時，身為特區政府保安局局長的她，正處於漩渦風口。

● 香港特別行政區行政會議召集人、第四至七屆立法會議員、新民黨主席
　葉劉淑儀

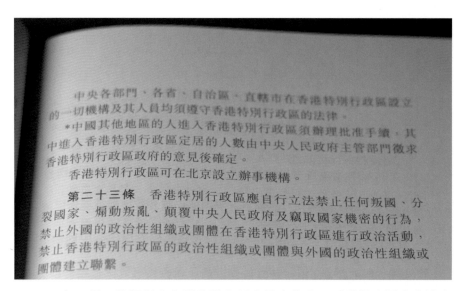

● 2003 年 2 月，按照行政會議建議和行政長官指令，香港保安局向立法會
　提交《國家安全（立法條文）條例草案》，旨在實施《基本法》第 23 條

基本法第 23 條立法
我們輸了傳媒戰，輸了心理戰，被人乘虛而入

1998 年，葉劉淑儀被任命為香港特區保安局局長，成為香港首位、也是迄今唯一執掌紀律部隊的女性。冷靜果敢、雷厲風行的做事風格，為她贏得了高民望。

2002 年 9 月，香港特區政府開始就基本法第 23 條立法進行 3 個月的公眾諮詢。沒想到，這成為了葉劉淑儀政治生命繞不開的分水嶺。

2003 年 2 月，按照行政會議建議和行政長官指令，香港保安局向立法會提交《國家安全（立法條文）條例草案》旨在實施《基本法》第 23 條，但在之後的討論中卻不斷有議員提出押後，並煽動遊行。

時為保安局局長的葉劉淑儀因為未能有效消除公眾疑慮，又連番發表富有爭議性的言論，使她的民望從高居特區政府高級官員之首跌至谷底。2003 年，層層阻力之下，基本法第 23 條擱置立法。同年 7 月 16 日，葉劉淑儀以「私人原因」為由辭職，自此中斷了她在香港政府 28 年的服務生涯。

記者：當時為什麼要推動基本法第 23 條立法？

葉劉淑儀：香港基本法第 23 條要求香港特別行政區應自行立法禁止任何叛國、分裂國家、煽動叛亂、顛覆中央人民政府及竊取國家機密的行為，禁止外國的政治性組織或團體在香港特別行政區進行政治活動，禁止香港特別行政區的政治性組織或團體與外國的政治性組織或團體建立聯繫。所以，從一開始，推行基本法第 23 條立法就是我們的憲制責任。

2002 年的時候香港已回歸祖國 5 年，在這個繁榮的國際之都內有著最國際化的經貿環境，但也意味著有很多外國勢力在香港，形成了對國家安全的威脅。他們做事方法就是長時間培育一些親近外國的孩子，特別是對青年人、學術界、老師、中小學生、大學生灌輸一些思想，把一些所謂「自決」「獨立」的思想播種在青年人（思想）裡面，對國家構成了威脅。因此，維護國家安全是非常重要的。行政長官會同行政會議決定要實施基本法第 23 條，我是主要

官員負責執行和推動。

記者：經過向公眾諮詢後，香港保安局是 2003 年 2 月向立法會提交《國家安全（立法條文）條例草案》，旨在實施《基本法》第 23 條，但在之後的討論中卻不斷有議員提出押後，並煽動遊行。

葉劉淑儀：比起現在很多外國的同類條例，我們提交的那條條例的內容根本上是非常溫和的。一開始其實也挺順利，但後來一直推下去就發覺環境非常惡劣，主要是傳媒環境非常惡劣，極少支持政府，全是一面倒的聲音。

為什麼要這麼做呢？根據政治規律，越是太平盛世，投票率就會越低。所以，當政客想讓那些平時不出來投票的人出來投票時，就會製造議題，煽動選民情緒，進而讓他們為了所謂的「改變現狀」而出來投票。所以，大家看到，反對派的所作所為——故意挑起仇恨、引發恐懼，從而爭取更多的支持票。加上當時已經有市民因為抗擊非典的舉措對政府不滿，所以，反對派一煽動，市民就很容易走出來，發泄情緒。我們也確實看到，當時走出來的市民反對的不只是第 23 條立法，還有不少投訴非典處理不力、投訴負資產等。

記者：這個草案最終以「撤回」告終，基本法第 23 條立法自此被擱置。您個人也受到了很大的影響。

葉劉淑儀：可以說，我們輸了傳媒戰，輸了心理戰，被人乘虛而入。一些媒體炮製了很多假消息，將官員講的話歪曲，令不少市民感到恐懼，把這條條例妖魔化。反對派最拿手的就是打這張牌，挑起香港人的恐懼。

所以，立法形勢惡化得很快，我也受到很多指責。我原本是民望最高的局長，但（支持率）不斷下跌，我覺得我負累了政府。因為我民望這麼低，說什麼都會被很多人指責我解釋得不好，這樣很難繼續工作。

更氣人的是，有人除了叫我「掃把頭」（綽號），還做了個漫畫叫我女兒「小掃把」，這對一個十二三歲開始進入少年期的小孩子很不公平。所以我覺得當時我應該離開。

捲土重來
西學民主理論實踐歸來「洗底」服務香港

2003 年，葉劉淑儀最終選擇和家人一起赴美國，她在斯坦福大學深造，修讀東亞研究碩士課程，當中的科目包括有中國文學、中國歷史、中國哲學、應用語言學、日文及比較民主發展。

「我覺得我是需要再學習的，而且我是還要回來的。」在葉劉淑儀的辦公室內，放著不少她留美的物件。有的人看來，那是「避走他鄉」的無奈，但在葉劉淑儀向記者的形容中，那是一段能讓她反思自己過去服務政府多年得失的「靜好歲月」。在日復一日的「充電」中，葉劉淑儀放緩了步履，也放平了心態，只是那顆心，一直惦念著香港。

2006 年，葉劉淑儀學成之後毅然返港，同年 7 月 18 日，她成立了民間智囊組織——匯賢智庫，負責研究香港的政制和經濟發展，就社會事務發表意見。2008 年她成功當選香港立法會港島區議員，成為政府與市民之間溝通的橋樑。2011 年 1 月 9 日，葉劉淑儀創立新民黨，就各類社會事務發表意見和觀點。

記者：當年您辭職有沒有不甘心？

葉劉淑儀：離職的時候不斷有人送花，整個保安局的人也哭著不捨得我走，這讓我很欣慰，這說明我真的得到下屬的支持。同時，我也很喜歡學習，一直希望多讀點書。所以去到美國後我就報名讀書了。剛開始第一年沒有學位，然後去考試、申請、通過了，每天背著一個背囊上學，過一個普通學生的生活。

那時候，我邊讀書邊反思，過去為什麼工作會失敗，所以我會鑽研民主理論及如何實踐的知識，我想還是希望能服務香港，而且要比之前做得更好。因為我們是受惠於香港經濟起飛的上世紀七八十年代的一代人，而香港的繁榮發展也受惠於國家的發展，所以香港回歸祖國我好開心，出於這種對我成長的城市的愛，對我自己國家的愛，我都必須回去，繼續貢獻自己的力量。

● 在新民黨總部，葉劉淑儀（右）與記者講述西學民主理論實踐，歸來
服務香港

記者：所以您一畢業回到香港就直接參選。

葉劉淑儀：是的。但我當初回去參選是很慘的，每天都被人拿 23 條來罵，罵我是「基本法第 23 條的惡魔」，但我必須要熬過去，拿回我的支持，贏回我的支持者。這用香港人的話來說就是「洗底」。因為我參選了，我選上了，那就是說明我是有民意授權的，那（妖魔化我的人）還能攻擊我？經過這樣的洗禮，現在沒人罵了。

但另一方面，當時香港的政治環境越來越惡劣，一些傳媒的焦點就是在立法會內「拉布」「投擲」等戲劇性的畫面，而搗亂的人則發現通過這種方式能夠出彩，於是就出現了「劣質民主」，甚至不少粗暴的場面。

記者：面對當時這樣的環境，您想過要退出嗎？

葉劉淑儀：這更加需要捍衛正義，更加要「頂住」。隨後，在中央政府支

持下,《香港國安法》刊憲生效,對整個社會帶來的震懾作用是很大的,把暴力事件、「港獨」、肆無忌憚的囂張等方面的風險減到很低。中央也完善了我們的選舉制度,加強了愛國者的宣誓要求,同時資格審查機制,也令搞亂分子沒法進入立法會。現在立法會恢復秩序,恢復效率,能正式開展工作。

記者:那您覺得現在是推動基本法第 23 條立法的好時機嗎?

葉劉淑儀:可以説是一個好時機。一是本屆立法會裡面的反對勢力已經排除了,香港國安法裡面也有條文寫明特區應該儘快完成這個憲制責任。二是我們所有當選的議員都是愛國者,都有履行憲制責任的意識。而且我們修改了議事規則,過往少數人擾亂議會秩序的情況不會出現了。三是,我們的立法也要與時並進,不可以用回 20 年前我那條溫和的條例,而要因應新的形勢去研判採用新的條例。據我所知,特區政府也正在做這方面的研究。那些條例一定要如行政長官所講的「管用」,也就是「有效」。我很有信心。

履任新職
新一屆政府開局良好定將「一國兩制」貫徹好

2022 年 6 月 22 日,時為候任行政長官的李家超公佈香港特別行政區新一屆行政會議成員名單,任期由 7 月 1 日起生效。葉劉淑儀擔任本屆行政會議召集人。

坊間評論這一任命「實至名歸」。對此,葉劉淑儀向記者說,「行會是諮詢機構,第一要務就是根據我們的專業知識、我們的經驗,給行政長官最佳意見」。

她認為,香港回歸祖國 25 年,最大的成就是在「一國兩制」的成功實施下,香港鞏固了全球金融、貿易和商業中心的地位,在法治、司法獨立、競爭力和大學排名等國際指標上都是佼佼者。

談到香港未來的發展,葉劉淑儀說,國家的五年規劃正在幫助香港,將香港重建為一個以製造業中心為基礎的國際研發和技術中心;新任特首李家超

● 行政長官李家超與行政會議非官守議員召集人葉劉淑儀在行政會議前
會見傳媒

有能力重組經濟，領導政府重建和諧，推動城市向前發展。

　　記者：您作為行政會議召集人，未來將如何履職？

　　葉劉淑儀：根據基本法，行會是諮詢機構。第一就是要根據我們的專業
知識、我們的經驗，給行政長官最佳意見。此外，我們有 16 個非官守議員，
我也是其他 15 個同事和行政長官之間的橋樑，也是和行政機關的橋樑，轉達
他的意見，協助政府解釋政策。

　　記者：您也是新民黨主席，您覺得新民黨未來的發展之路在哪裡？

　　葉劉淑儀：一個政黨最重要的就是人才，我非常重視培養年輕政治人
才。同時，我們的黨綱素來都是「革故求新，親近民心」，這也是我們未來工
作的重點，反映民意，推動社會的改革，既根據基本法配合政府，也監察政
府，做好立法與審批開支建議的工作。

記者：香港如何更好融入國家發展大局？未來的出路在哪？

葉劉淑儀：國家推進粵港澳大灣區建設對香港來説是一個重要的機遇。一是動力大，香港積極融入將會是一個發展的引擎；二是大灣區城市之間能錯位發展，比如我們的大學有著許多世界一流的科研，如何使其產業化，這需要我們和大灣區內地城市很好地融合發展。

我覺得本屆政府開局良好，管治的風格以及處理問題的手法都讓人耳目一新。行政長官的口號是「以結果為目標」，很重視團隊精神，相信新班子在中央的領導之下，很快能做出實績，會將「一國兩制」貫徹好。

（本文首發於 2022 年 8 月 7 日）

港故事

香港回歸祖國25年25人訪談錄

1997—
2022

「粵港兩地醫護人員合作，
特別是**中西醫**合作，
在抗擊SARS時正式開始。」

高永文
香港特別行政區行政會議成員

時任署任香港醫院管理局行政總裁

2003

經此一役，香港應對公共衛生事件有了更成熟表現

◎ 張詩雨　陳晨　李喬新

2003 年的春天對香港人而言，注定難忘。

2002 年年底，一種不明原因的傳染性肺炎開始在廣東部分地區傳播。這種非典型肺炎後來被世界衛生組織命名為「SARS（嚴重急性呼吸道綜合症）」。

「當時我們知道廣州發生疫情，所以香港高度戒備，但當你不了解這個病原體的時候，其實很難真正去預防，因為你連它的傳播模式都不知道。」近日，在其香港彌敦道的診所內，十三屆全國政協委員、香港特區行政會議成員高永文向記者憶述他當年作為抗擊「非典」一綫指揮官，直面疫情慘烈的「艱難歲月」。

這次經歷在他的職業生涯中留下了深刻的烙印，從某個意義上來說，也是一種指引。「香港開始高度重視公共衛生安全，以應對公共衛生安全的挑戰；香港和廣東兩地醫護人員的合作也從那時起正式展開。」高永文說，從抗擊「非典」到抗擊新冠疫情，香港人有了更充足的底氣。

前所未有的「戰役」

踏進診所辦公室旁的小房間，記者第一眼就看到桌面上放滿各種茶具，旁邊有一大支酒精搓手液，還有一包濕紙巾和一盒面巾紙。開完會的高永文匆

● 十三屆全國政協委員、香港特區行政會議成員高永文

匆走進房間第一件事就是用酒精搓手液洗手，受訪全程也沒有摘下過口罩。

「從 SARS（非典）到現在，我幾乎每天都要使用幾十次搓手液。」今年 65 歲的高永文 1991 年加入香港醫管局，儘管在 SARS 來臨之前，也曾處理過大大小小的傳染病事件，積累了不少經驗，但 2003 年初暴發的疫症仍然在他的職業生涯中留下了深刻的烙印。

2003 年 3 月「非典」疫情在香港暴發，時任香港特區醫院管理局行政總裁何兆煒在工作中不幸染病入院。高永文臨危受命，署任行政總裁，成為香港抗擊「非典」疫情一綫指揮官。

「當時一方面疫情慘烈，另一方面也充分暴露了香港公共衛生安全體系的薄弱。」有著「切膚之痛」的高永文深刻認識到公共醫療系統的重要性，同時要守住香港這個「高度開放自由港」的公共衛生安全，「挑戰也特別大」。

記者：香港是什麼時候開始關注到 SARS 在本地傳播的？

高永文：2003 年年初，我們知道廣州出現了非典型肺炎疫情，但那時還不知道是什麼病原體引致這個疾病，所以香港那時已經很緊張。我們開始在公立醫院裡面提醒我們的前綫醫生要留意非典型肺炎，並呈報相關病例。

3 月初，在威爾斯親王醫院 8A 病房開始有一些不明原因的發燒和肺炎的病例。3 月 10 日醫院就向我們醫院管理局總辦事處呈報。當時我自己去到威爾斯親王醫院病房去了解情況，發現已經有好幾十個病人被感染，一些病人的家屬，甚至醫護人員、醫學生都受到感染，當時香港的 SARS 疫情可以說是正式開始了。

記者：當時採取了什麼應對措施？

高永文：SARS 是一個我們從未見過的病。除了參考一些公共衛生學的黃金定律之外，其實很多措施都是按照我們的醫學常識和科學證據逐步摸索出來的。比如早期鑒於威爾斯親王醫院有很多受感染的病人，還傳染了探病家屬，進而傳播至社區，我們首次提出禁止探病等。現在，新冠疫情期間很多醫院依然採取了這個措施，用來控制醫院的人流。

從 3 月初開始，我們醫管局總辦事處就開始協調聯網醫院應對疫情，同

● 高永文（左）在位於尖沙咀彌敦道的診所，向記者（右）講述抗擊「非典」
  的故事

時也與衛生福利及食物局緊密溝通，定期開會彙報情況。

　　另外，香港有兩間大學的醫學院團隊在微生物學領域享有盛名。於是，
他們也在發揮作用。3月中旬，香港大學團隊在全球率先培養出 SARS 冠狀病
毒，並明確了這種非典型肺炎的病原體。之後我們就擁有了快速測試的能力，
能夠加速在全國範圍內辨認真正受 SARS 感染的病人。

　　記者：「非典」疫情對香港社會有怎樣的影響？

　　高永文：有一段時間香港的街道上幾乎沒有人，機場也沒有人。所以儘
管 SARS 在香港只持續了三個多月，但這三個月對香港的影響非常大，社會
上的恐慌情緒非常嚴重。

　　第一是因為這個病有相對高的死亡率。根據統計，SARS 在香港的死亡率
超過了 10%，這當然會引起市民的恐慌。第二，因為 SARS，現代文明社會

第一次有那麼多高度專業的醫護人員在現代化醫院裡被感染，而且數目不少。所以當時連醫護本身都非常擔心，但他們沒有退縮，始終堅守崗位，這其實也彰顯了香港醫護人員高度的專業精神。

記者：經過 SARS 一役，您認為香港在應對公共衛生事件上是否有了更成熟的表現？

高永文：一方面這是個很沉痛的教訓，從個體層面到管理層面，我們都明白了一個道理，不管我們自認為醫學有多麼發達，一個簡單的病毒都會帶來非常嚴重的威脅，給人類生命造成很大的損失。另一方面，它也提醒了我們必須高度重視公共衛生安全。所以，香港之後成立了衛生防護中心，建了傳染病醫院，陸續投放了不少資源建立防護網絡和健全相關機制，以應對公共衛生安全的挑戰。

從 SARS 到現在，其實香港的隔離措施、醫護的防護裝備等已提升不少，香港處理威脅性傳染病的能力也高了很多。無論什麼時候，我們都要做好最壞打算，防禦必須走前一步。

見證香港與內地醫護人員合作擴大

2003 年 4 月「非典」肆虐的高峰期，時任香港特區行政長官董建華對高永文說，內地在中醫藥抗擊「非典」方面有不少寶貴的經驗，「應該借鑒一下」。

隨後，高永文帶隊到廣東省中醫院進行調研，並由此開啟了邀請廣東省中醫專家赴港，兩地專家並肩作戰，採取中西醫結合治療「非典」的合作。

「2003 年 5 月，廣東省中醫院就派出中醫專家赴港，並在前綫病房直接參與工作，與香港醫護共同商討診療方案。」高永文回憶，香港與內地的中西醫合作正是從那時逐步展開。

「非典」之後，兩地簽署了合作協議，引進內地中醫專家輪流來香港，參與臨床、教學和科研，這一做法一直延續至今。

● 2003 年 6 月 30 日，時任國務院總理溫家寶視察沙田威爾斯親王醫院，並即場寫上「向醫護人員致敬」的題字

● 2003 年 3 月初，在威爾斯親王醫院 8A 病房開始有一些不明原因的發燒和肺炎的病例

記者：在抗擊「非典」過程中，香港與內地有沒有像現在抗擊新冠疫情一樣展開深度的合作？

高永文：在 SARS 高峰期時，香港的醫療物資，特別是防護衣物不足，中央迅速馳援送來大批防護衣物，這是全香港人都看到的。

2003 年 4 月，受當時的行政長官董建華先生委派，我和香港衛生署及醫管局的專家來到廣東省中醫院考察。我們發現他們採取中西醫結合的方式治療 SARS，並取得了一定效果。所以我回到香港後就馬上向衛生部和國家中醫藥管理局提出，希望廣州能派出有治療 SARS 經驗的專家來香港，和我們香港的中西醫一起治療 SARS 病人。5 月初，廣東省中醫院就派出專家來到香港，立即與香港中西醫專家開會設計臨床研究方案。接下來的幾個星期我們都在一起並肩作戰，撰寫科學研究報告，並獲得了世界衛生組織的認可，證明中西醫結合治療 SARS 能夠緩解病症，並減低需要使用的激素劑量。

記者：這樣的合作之前有嗎？

高永文：真正（粵港）兩地的醫護人員合作，特別是中西醫合作，就是在 SARS 那時開始。

2003 年 11 月，我再次訪問廣東省中醫院，並且與廣東省中醫院簽訂了一份合作備忘錄，邀請廣東省中醫院在 SARS 疫情過後仍然輪流派中醫教授來香港協助我們發展中西醫結合。這個安排從 SARS 到現在十幾年間，對香港中醫藥發展做出了很大貢獻。

更深一個層次的影響是，這種人員合作得到了不斷發展。

在香港新冠疫情的嚴峻時期，中央也派出了醫護人員及醫學專家來港支援。當然除了醫護人員之外，中央還給了香港很多醫藥及生活必需品的支援，幫助我們興建隔離設施、提高檢測能力等等。而這次的合作規模和深度也遠遠比 SARS 要大，所以 SARS 是一個開始，中間是持續，到新冠疫情時是一個規模更大更全面的合作。

此外，經過 SARS 一役，內地、香港與澳門三地醫療衛生系統定期開展高層會議，就傳染病議題及其他醫療系統問題進行交流，並建立了恒常通報機制。現在我們擁有了一個更完善的突發性公共衛生事件通報機制，各地在疫情

控制措施方面也有了更密切的交流。

盼香港公私營醫療體系為大灣區貢獻經驗

　　高永文是香港有民調記錄以來民望最高的官員，在任期間支持率長期保持逾七成。他謙虛地說：「我不會為自己打分數，我覺得是工作性質的問題，我們處理的是民生議題，所以比較受關注。」

　　「抗擊 SARS 也讓我開始思考如何讓公私營醫療體系發揮最大作用。」2012 年，高永文出任香港食物及衛生局局長。在隨後五年的任期內，他先後處理過香港公私營醫療合作、推動自願醫保計劃等棘手議題，又啟動了香港十年醫院發展藍圖。其中，最為人津津樂道的是他一直致力改革香港的醫療模式與方案。

　　作為港區全國政協委員，他在近年提出的建議也主要圍繞粵港澳大灣區的醫療體系融合，讓香港在其中找到最合適的位置。

　　記者：您覺得在突發公共衛生事件的處理中，公私營醫療系統能分別發揮怎樣的作用？

　　高永文：從 SARS 開始，我們了解到一個強有力的公共衛生系統對於應對突發性的公共衛生事件和傳染病的挑戰是非常之重要的。

　　香港的醫療系統與內地有所不同。內地以公營醫療為主，無論是 SARS 還是現在的新冠肺炎，我們都可以看到這個系統發揮的作用。它能夠有一個統一的措施，有效地執行。這需要一個強有力的、有效率的公營衛生系統才能夠做到。

　　以香港的情況來看，我們發現私營醫療系統的配合其實也非常之重要。它可以協助我們的公營系統接受一些非傳染病的病人。公營系統在面對大量傳染病病人的時候，正常運作會受影響，從而忽視其他非傳染病病人的救治。這正是發揮私營醫療機構力量的時候，能夠幫忙診治這些病人。另外，無論在社

區做大規模檢測或推動疫苗接種時，私營醫療體系也發揮了很大作用。

從這兩方面可以看出，在香港雙軌的醫療系統裡，公營和私營是可以恒常合作，尤其是在大規模傳染病或者突發性公共衛生事件裡都起到了重要作用。

記者： 它對內地的醫療改革能帶來什麼啟示？

高永文： 實際上內地的醫療改革也遇到一個問題，就是我們的大量病人都集中在公立的三甲醫院看病，令到大城市裡的三甲醫院非常擁擠，存在病人「看病難」的問題。

近幾年來，我們國家的醫療改革方向其中之一，就是鼓勵社會辦醫。我過去幾年離開政府之後，也特別關注這一方面的發展，尤其是鄰近香港的大灣區內地城市。這裡人口數目大，經濟發展也非常之好。凡是經濟高度發展的地區，那裡民眾對於高質量的醫療服務需求一定是非常之大的。純粹靠公立三甲醫院，我相信不能滿足這方面需要。

我一直都希望能夠推動香港和內地特別是大灣區內地城市的醫療體系融合。比如醫療專業人員、辦醫團體的合作交流等，讓香港一些值得借鑒的醫院管理經驗、創新醫學模式以及創新醫療科技得到推廣。

記者： 您近幾年在全國兩會上提出的建議，多是圍繞香港和內地的醫療融合問題。

高永文： 這很值得關注和推動，尤其是與大灣區內地城市的融合，也能解決香港「看病難」的問題。這個過程中有難點也有前瞻性的亮點。第一，兩地的醫療制度不一樣。從宏觀層面的醫療政策、醫療保險政策到醫護人員培訓、就診安排的細節流程等都不一樣。第二，兩地醫護人員准入機制也不同，過去通過《內地與香港關於建立更緊密經貿關係的安排》（CEPA）已經做了一些安排，使香港的一些醫護專業人員可以比較容易在內地獲得執業資格。第三就是兩地藥物使用不同。但內地去年推出了「港澳藥械通」，現在已經有二三十種藥物和醫療器械在大灣區一些指定的醫療機構裡使用了。

希望未來大灣區內地城市可提供更多便利港人跨境就醫的措施，例如完善香港跨境支付醫療費用制度、建立電子健康檔案共享機制等，便利港人北上

就醫，緩解香港醫療服務的壓力。

最大滿足感來源於服務病人

在高永文診所的牆上，有兩幅墨寶特別醒目：一是由已故國學大師饒宗頤在百歲生日當天親筆揮毫相贈的「仁心」二字；一是好友丘騰華手書贈予的行書律句「仁心善政兩得彰，俯首孺子俠心腸。懸壺匡正扶病弱，傲骨瀟灑醉茶香。」

仁心，正是許多病患和香港市民對「高醫生」的評價。

而在高永文心中，回歸臨床，治病救人也是他所最鍾情的事業。

2004 年，高永文戰罷「非典」回到坊間與別人合夥開了骨科診所；2017 年任期屆滿，再度轉身，披上醫袍。

「當然，任何時候需要我，我都會挺身而出」，2022 年 7 月 1 日正式出任行政會議成員，高永文說，「因為我是一名醫生。」

記者：您兩次從政府部門退出來後都重返臨床醫療工作。

高永文：臨床醫療從來都是我自己最大的興趣，雖然我在不同階段都離開過臨床的服務，去接受一些新挑戰或者在管理方面的工作，其實最終我還是希望能夠回歸到臨床。作為一個專科醫生，對我來講最大的滿足感其實是直接服務病人，讓我覺得我幫到他。而且我覺得做臨床醫生能給我一個彈性，讓我以此為基地去推動其他工作，譬如大灣區醫療合作。

記者：那麼在政府的工作讓您有哪些感悟？

高永文：健康中國也是我們國家接下來一個很重要的工作。在醫管局和食衛局的經歷使我明白，要讓社會裡每一個人都能夠健康，獲得適當的預防和治療，其實不是一個容易的事，也不是一個人能夠做到的事。這需要很多人和專家去幫忙建立一個系統，去推動這個系統的持續發展，才能確保社會裡的每一個人，都能夠享受到良好的預防性和治療性醫療服務，都能夠享有健康。

記者：作為本屆香港政府的行政會議成員，您想為香港再做些什麼？

高永文：行政會議裡的工作剛剛開始。第一件事當然是要配合政府，支持政府做好新冠疫情的防控工作，讓香港社會早日走出疫情影響。在後新冠時代我也會繼續和政府進行緊密聯繫與合作，關注香港醫療系統中長期存在的問題，進一步推動香港的醫療改革，使香港公私營醫療體系的平衡和健康得到進一步發展。

（本文首發於 2022 年 8 月 13 日）

港故事

1997—2022

香港回歸祖國25年25人訪談錄

「CEPA給了香港
一個信心，一個期望，
和更大的市場。」

戴德豐

四洲集團有限公司主席
全國政協原常委
廣東省政協常委

2004

香港「食品大王」戴德豐談「生意經」

CEPA 為經濟曾陷低谷的香港注入強心劑

◎ 張詩雨　李心迪　陳晨

　　紫菜、薯片、夾心蛋糕……十多年前這些需「託人」從香港帶回的美味零食，如今已遍佈全中國。當中有個叫「四洲」的品牌名堂特別響。

　　四洲集團是香港最大的食品企業之一，生產和經銷的食品達五千多個品種，分銷網絡遍佈全國各大城市，並將內地食品業引向海外，融入國際社會。

　　「我們和其他零售業一樣，主要得益於 CEPA。」立秋過後的香港，海風微涼，香港無人不曉的「食品大王」戴德豐在他位於九龍灣嶄新的辦公室內，向記者娓娓而談自己的「生意經」，「我們之所以成功，是因為有信心，而CEPA 的實施對香港來說就是一劑強心針，給香港帶來了信心，帶來了期望，也帶來了市場。」

　　2004 年 1 月 1 日零時，CEPA（《內地與香港關於建立更緊密經貿關係的安排》）正式實施。港產貨物零關稅進口內地，讓成千上萬的內地消費者享受到了港貨的好處，也成為促進香港經濟復甦的重要催化劑。

　　「香港與內地經貿關係也由此進入了一個嶄新階段。」除了四洲集團主席，戴德豐的其他身份還有十至十二屆全國政協委員、十一至十二屆全國政協常委，九至十二屆廣東省政協常委、港區委員召集人。在各級政協履職三十多年來，他以自己的切身感受，為香港融入國家發展大局建言獻策。「CEPA 每年都在向前推進，陸續簽署補充協議，通過 CEPA，內地對香港的開放程度不

● 四洲集團董事長戴德豐

斷擴大，香港大有可為。」

CEPA 是中央政府送給香港特區的一份「大禮」

21 世紀初，亞洲金融風暴對香港的影響餘波未了，緊接著的「非典」疫情又讓香港再次經歷重創，特區政府開始尋求對策帶領香港經濟走出低谷。

2002 年，內地是港產貨品的第二大出口市場，佔港貨出口總值約 32%。但當時香港貨品進入內地仍需支付 7% 至 35% 不等的關稅。對此，作為第一批投資內地的港商，戴德豐感受良多。「四洲紫菜、粒粒橙等產品當時在內地已頗具知名度。但我們的零食進入內地仍要面對高達 10% 的關稅。」

經過與中央的多次磋商和調研，2003 年 6 月 29 日，香港與內地正式簽署了 CEPA 協議。內地對香港產品實行零關稅，並擴大服務貿易市場准入。「這可以說是中央政府送給香港特區的一份『大禮』。」戴德豐由衷感嘆。

記者：2004 年 CEPA 正式實施，給香港帶來了怎樣的機遇？

戴德豐：香港 2003 年經歷了「非典」，經濟很差，香港特區政府就想盡辦法要重振經濟。最後經過多方努力，內地和香港在 2003 年 6 月 29 日簽訂了 CEPA。當中規定了內地和香港兩地原產貨物在互通時實行「零關稅」，內地進一步向香港開放服務業，不僅是會展服務業，還包括除法律、會計、審計和認證以外的諸多管理諮詢服務業，例如廣告、建築及房地產、銀行業、保險業等等。同時，安排中還包含了貿易便利化措施。所以 CEPA 的實施給了香港一個刺激，香港人開始有了期望，有了信心，還有了龐大的市場，可以到中國內地做更多生意。

事實證明，這條路是走對了的。在 CEPA 實施一年後，香港終於擺脫了通縮的困擾，2004 年的經濟增長達到 7.5%。

記者：對四洲集團來說呢？

戴德豐：這當然是好消息，因為我們有更多的食品可以免關稅進入內地市場，反響很好。雖然我們上世紀八九十年代在廣東已經很有名，比如說我們

● CEPA 零關稅實行首日，香港貨櫃車經深圳皇崗口岸出境

的四洲紫菜，但通過 CEPA，我們的品牌在內地更多城市增加了曝光度，逐步在全國打響了名堂。

CEPA 簽署以後，我們還在汕頭投資上億港元建造了亞洲最大的薯片廠。我們在內地的業務範圍也是從那時起越來越大，工廠遍佈全國各地。同時我們也開始發展餐飲業務，在 2006 年收購了廣州四大園林酒家之一的泮溪酒家，為內地消費者帶去更好的服務。

記者：十八年過去，回過頭看，CEPA 對於香港的意義是什麼？

戴德豐：CEPA 對香港來說，一方面它是香港與內地加深經貿合作的開始。在 CEPA 的「安排」下，兩地經貿也逐年加速融合。越來越多港商開始關注內地市場、了解內地市場。

另一方面，它也折射了一個道理：就是要有信心。今年是我創業第 51 年，香港經歷了很多低潮，比如 2003 年的「非典」，但它總會恢復「元氣」。

你要去想，這是什麼原因呢？如何去克服困難呢？好的政策給予了信心，而信心就是你的底氣。同時，每一個經濟低潮或者困難時期，就是我們去改變方向創新的時候。

比如現在受新冠疫情影響，我們以前沒做雪糕，但這三年開始做雪糕；以前不賣米，現在又去做米，因為人們在疫情下上街少了，在家煮飯吃，米的需求擴大了，所以我們的業務就一直在拓展。我 51 年前只是做餅乾的，到現在什麼食品都做，就是要去爭取變化，與時俱進。

無論做生意還是做人，希望能交出滿分答卷

1971 年，戴德豐在叔輩的邀請下去到日本參觀，並對當地發達的零食工業產生了濃厚興趣。「當地很多小學生手裡都拿著精緻包裝的零食，電視裡的廣告也是精彩紛呈。我在品嚐以後馬上就下定決心做零食代理，把日本零食帶到香港。」沒想到，這一做就是 51 年，如今四洲集團已成長為香港最大的食品企業之一，業務涉及食品原料供應到餐飲服務等方方面面，生產和經銷的食品達五千多個品種，分銷網絡遍佈全球。

在戴德豐的辦公室內，大大小小的獎杯獎狀見證著他為行業、為社會作出的傑出貢獻。他對記者說，不管是做食品生意還是為香港、為國家建言獻策，自己都希望能交出一份 100 分的答卷。

記者：為何當初選擇進入食品行業？

戴德豐：（笑）因為我自己喜歡吃，晚上吃完飯回到家我還會吃零食。我也喜歡到處試新的產品，所以我家裡有個櫃子放滿了新產品。所以我與「食」有緣，正好做了這行，當然希望把好吃的東西帶到香港，帶給香港消費者。

記者：什麼時候決定把這些產品帶到內地？

戴德豐：改革開放初期，國家成立了五個經濟特區，為了方便外國人來投資，每一個經濟特區都成立一個免稅店，銷售進口商品。我們當時在香港已

● 在四洲集團香港工廠，戴德豐（右）向記者（左）介紹四洲集團歷史

● 正在選購香港商品的深圳市民

經很有名氣，於是免稅店就找到我們，希望進口我們的產品到免稅店賣。所以我從那時起開始進入內地銷售產品，也慢慢增加在內地的食品生意。當時在中國的外國產品還不多，但我堅定地告訴我的外國夥伴，我們中國有十幾億人口，將來有無限的機會。如今我的生意越做越大，產品越來越多，證明我當時的判斷是沒錯的。

記者：您那麼早佈局內地生意，看中了什麼？

戴德豐：內地不僅是巨大的消費市場，也是優秀的食品原料生產地和加工地。比如，我在（上世紀）九十年代就在江蘇、河北、廣東等不同地方建立工廠，因地制宜發展食品工業。當時中國種植的馬鈴薯並不適合用來生產薯片，我還將合適的種子引入我的家鄉廣東普寧，一方面為四洲的產品尋得支撐，另一方面也支持鄉親們開發高質量農副產品。後來，我就在汕頭投資建造了亞洲最大的薯片廠，如今主要在中國市場銷售。這些都是一舉多得的實例。

記者：內地的同行有沒有向您請教一些經驗？

戴德豐：我想每一個食品企業都會拿同行的產品回去研究。我 51 年前創辦四洲集團的時候，中國還沒有這些零食；到了 1994 年，我們在汕頭設廠，產品在內地也已經有一定知名度。有次我和一個同行朋友吃飯，他感謝我為他創業提供了靈感。他現在已經做到百億的規模，超過了我們。我替他們開心、也替自己高興，因為這是一個相互學習的過程，有競爭才有進步，而我也能在這個過程中對整個行業的進步以及消費者做出貢獻，這都是好事。

記者：很多人都很關心四洲集團「長盛」的秘訣。

戴德豐：我也常思考我們為什麼能越做越大，我認為就是我們作風穩健，用心做事。用心做事、用愛做事，這是我做人的方針，公司的同事也都秉承這個宗旨。還要講信用，懂得微笑。

記者：您給自己打多少分？有考慮過退休嗎？

戴德豐：我當然希望是 100 分，因為我每分每秒都在努力做事。這些年我也得到了政府、業界和消費者的肯定，在很多方面都已經有一個交代了。但我不敢說，也不想退休，未來我還想繼續為香港、為國家做貢獻，將我的經驗傳授給年輕人。

向身邊朋友「推銷」大灣區

除了「食品大王」的美譽，戴德豐還喜歡將自己稱為「政協人」，辦公室的牆上掛滿了他作為政協委員在全國各地開會、考察的紀念相片。

從廣州市政協委員到全國政協常委，他在各級政協積極履職、參政議政、為民請命。說起自己長達三十年的政協生涯，戴德豐滔滔不絕。

作為土生土長的香港人，他關心香港社會的發展，更關心祖國的命運。為了讓港區各級委員凝聚起來，進一步促進內地與香港的經濟文化交流和建設，他在 2006 年組織 2400 多名政協委員成立「香港廣東各級政協委員聯誼會」。「能為國家做事，我從不感到辛苦。」

作為食品行業的翹楚，戴德豐曾就食品安全監督等問題提出建議，建議政府加強法制建設，對食品質量進行嚴格監管。他也在 CEPA 簽署之後提出建立人才交流中心，擴大兩地人才流動。近些年，他更關注粵港澳大灣區多領域的合作發展，積極建言獻策。

記者：政協生涯帶給您怎樣的體悟？

戴德豐：我從 1991 年擔任廣州市政協委員，一路進入廣東省政協、全國政協，我感到責任重大。在這個過程之中，我積極參政議政，去到很多地方考察，見識了很多事，也提出很多建議支持國家，改善社會，改善經濟。

2006 年，我提出組建「香港廣東各級政協委員聯誼會」，並擔任首席會長，希望可以凝聚港區各級委員，促進內地與香港兩地的經濟文化建設交流。我在其中培養了自己的管理組織能力，也對我國的政協制度有了更深的領悟。從食品安全、人才雙向交流培訓到大灣區貿易合作，我關注香港、廣東省和國家方方面面的發展，也積極向各級傳達新政策，並收集建議，能為國家盡一份力是我的榮幸。

記者：香港在後疫情時代可以發揮怎樣的優勢？

戴德豐：今年廣東省「兩會」上，我提出要進一步推進大灣區融合發展，深化民生領域合作、加快科技和產業融合、抓住 RCEP 貿易協定簽署的機遇

提升市場競爭力、加強粵港澳三地政府溝通交流。因為香港在許多行業都可以發揮自身的優勢，如果香港每一個行業的精英能積極投身大灣區建設，一定會給大灣區帶來很大幫助。

記者：您鼓勵香港年輕人創業嗎？

戴德豐：我非常鼓勵香港年輕人創業，因為機遇處處有。年輕人肯用心做事，多點去思考，一定是機遇無窮的。現在大灣區正在火熱建設中，年輕人要及時把握機會。

我作為廣東省政協委員，很多年前就開始推行粵港合作，現在更是時常向身邊的朋友「推銷」大灣區。因為這裡極具吸引力，11 個城市各有所長，能夠合力發揮巨大的作用。全世界的人才和資金都在尋找消費力強的地方，大灣區正具備這樣的優勢。香港作為國際大都市，是中國連接國際的橋樑，具有廣闊的發展空間。

（本文首發於 2022 年 9 月 4 日）

港故事

1997—2022

香港回歸祖國25年25人訪談錄

「香港迪士尼樂園開幕，
　不僅為本地帶來一座主題樂園，
　更承載著
　　重振香港旅遊業的重任。」

梁偉豪
香港迪士尼樂園營運經理

2005

「長情員工」梁偉豪細說中國首家迪士尼樂園背後快樂故事

「奇妙夢想城堡」促香港旅遊發展綻放「奇思妙想」

◎ 陳晨　許曉鑫　李喬新

「樂園開幕前，這條紅磚路還沒有鋪好，工程師讓我們每人拿一塊磚簽上自己的名字，將名字一面朝下鋪在這條街上，作為我們見證香港迪士尼樂園建成的一個儀式。」2022年中秋臨近，儘管受新冠疫情影響，香港迪士尼樂園沒有往年那般熱鬧，但仍然吸引不少大「頑童」和孩子來到這裡，尋夢童話。與樂園「同齡」的營運經理梁偉豪一邊向記者回憶開園17年以來的有趣點滴，一邊帶著記者來到「市鎮會堂」前一塊空地中間的紅磚，分享自己與這個樂園的特殊連接。「這不僅是我個人的，也是所有遊客與『夢想』的連接。」

2005年9月12日，中國首家迪士尼樂園在香港開幕。「那天從清晨開始就有遊客排隊，開幕那一剎那，個個都十分興奮，急不可待地衝進樂園，那一刻是我最難忘的。」17年來，梁偉豪與同事們每天迎來送往來自世界各地的遊客，與他們建立了深厚的友誼，也一道見證了香港休閒旅遊業的發展。在他眼中，一座座奇妙夢幻的建築，不僅融入了千萬遊客的童年回憶，更成為香港旅遊的新名片，許多服務行業的「奇思妙想」也應運而生，讓這顆東方之珠更具魅力。

夢的開始

從1999年立項到2005年開幕，歷經六年的漫長等待後，承載著大小孩子

● 香港迪士尼樂園營運經理梁偉豪

們對童話世界美好幻想的迪士尼樂園終於在香港揭開了面紗。

這是香港回歸祖國後建成的首座主題樂園，也是中國首座、亞洲第二座迪士尼樂園。中國建築先後承建迪士尼基建工程一、二期以及主題樂園的明日世界、幻想樂園、迪士尼六星級酒店共五個項目，成為首個承建外國知識產權主題樂園的中國建築企業，工程範圍涵蓋土木、房屋、機電、基礎、園林綠化等，工程規模近 56 億港元。

雖然香港迪士尼開幕時面積僅 28 公頃，是全球最小的迪士尼樂園，但其豐富的遊樂項目和全球最小的「睡公主城堡」卻成為當年的一大賣點，吸引了大批遊客。在開幕式上，米奇與舞龍舞獅同場出鏡，米奇更以廣東話向大家打招呼問好，「這種中西方文化深度交融的體驗在全世界絕對是獨一無二。」梁偉豪說。

早在樂園開幕前，梁偉豪便已加入香港迪士尼工作團隊，負責遊樂設施「明日世界」的運營維護工作。他向記者回憶道，迪士尼在香港落戶意義非凡，開幕當天樂園便湧入了上萬名遊客，延長一個小時關門。「香港迪士尼的成功，一方面是將有趣的故事與刺激的遊樂設施相結合；另一方面，則因為融入大量的中國傳統文化元素，令其受到了國內外遊客的歡迎。」

記者：您當時為什麼會選擇來迪士尼工作？

梁偉豪：其實在加入香港迪士尼樂園之前，我在一間電信公司工作超過十年。2000 年，我和太太結婚後，把度蜜月的地方選在了美國迪士尼樂園。有過那次體驗後，我對迪士尼比小時候有了更深的感情。所以，當香港迪士尼樂園開始招聘時，我就去應聘。最後，很幸運被園方選中，實現了夢想。

記者：您還記得開幕當天的情景嗎？

梁偉豪：迪士尼開幕對香港人來說的確是一件大事，我想所有人都和我一樣感到興奮、自豪和驕傲。開幕當天，大批遊客清晨就來排隊。樂園開幕的一剎那，他們個個都好興奮，急不可待地衝進樂園，那一刻是我最難忘的。我負責的設施是「明日世界」，因為充滿很多科技元素很受青少年歡迎，很多人玩完之後還會排隊再玩一次、兩次。

● 2005年樂園開幕前,梁偉豪(左一)與同事將簽有自己姓名的紅磚鋪在
　路面　受訪者提供

● 2005年9月12日,中國首家迪士尼樂園在香港開幕,吸引大批遊客

我和同事雖然從早忙到晚，但想到能將神奇魅力及歡樂帶給遊客，我覺得好值得。

記者： 在迪士尼樂園前，香港已經有了海洋公園。而且相比世界其他幾座迪士尼樂園，香港迪士尼的面積也是最小的。您覺得香港迪士尼能為遊客帶來哪些不一樣的體驗？

梁偉豪： 香港迪士尼有一套獨特的講故事的方法，並將故事融入遊樂設施中。特別地，香港是一個中外文化交融的國際性城市，我們從一開始就將中國傳統文化元素融入樂園。在開幕式上，米奇與舞龍舞獅同場出鏡，米奇更以廣東話向大家問好，這就是明證。另外，我們會慶祝農曆新年，入場的遊客可以收到一個裝有巧克力的小紅包；餐飲設施都會準備一些具有中國或香港本地特色的點心等等，我相信這些「中西文化合璧」的獨特優勢就是令香港迪士尼更具吸引力的法寶。

逐夢之旅

正如梁偉豪所說，香港迪士尼樂園開幕的意義，絕不僅僅是為本地帶來一座主題樂園而已，它更承載著重振香港旅遊業的重任。

1998 年，香港剛剛在一場驚心動魄的金融保衛戰中擊退了來勢洶洶的國際炒家，自身經濟也遭受了重創，旅遊業更是快速滑向谷底。當年 10 月，在香港特區立法會的一次會議上，一份「振興香港旅遊業」的議案，獲得了全票通過。其中一項內容便是「興建新的旅遊景點，增加香港吸引力，例如興建一兩個主題公園⋯⋯」一年後，香港特區政府與華特迪士尼公司達成協議，在大嶼山竹篙灣發展香港迪士尼樂園度假區。按照協議，華特迪士尼公司出資 3.16 億美元，香港特區政府投入資金 4.19 億美元，分別佔有 43% 和 57% 的股份。香港特區政府還負責修建一條通往公園的鐵路以及其他基建設施，再加上地皮價格，這個樂園的總投資為 36 億美元。特區政府與華特迪士尼公司作為股東，成立香港迪士尼樂園有限公司，聯營主題公園、度假酒店等業務。

2003 年 1 月，香港迪士尼樂園破土動工之際，正值 SARS 疫情暴發，失業率高企、經濟低迷，而樂園的建設工程提供了龐大就業機會。同年 7 月，中央政府開放「自由行」（港澳個人遊），更為香港迪士尼及本地旅遊業注入新動力。在迪士尼開幕迎來的第一批 1.6 萬名遊客中，內地遊客就佔了三分之一。

記者：您覺得香港迪士尼樂園開幕對香港來説，最直接帶來了什麼？

梁偉豪：我想應該先是經濟，在當時一個低谷爬坡期，這個作用很大，因為不僅人們來樂園，而且大家還會去其他地方消費，帶來刺激；其次是創造了很多就業機會。

而更深的是帶來了歡笑和融合。歡笑，可能是很多樂園都有，但融合，在香港是獨一無二的。這裡有語言的融合、有粵港澳大灣區以及通過這個灣區輻射內地更多城市的融合、有東西方文化的融合，所以她提高了香港作為國際旅遊城市的形象，是一張嶄新的名片。

不僅她本身，迪士尼也給香港的服務業帶來了一些創意和靈感，除了本身的衍生藝術品外，還有一站式服務、IP 全案服務等「奇思妙想」，都給香港，甚至粵港澳地區的旅遊服務業發展都帶來了啟發。

記者：比如説吸引了許多內地遊客？

梁偉豪：我印象中，單是開幕那天就有三分之一的遊客來自內地。因為香港迪士尼是全世界唯一一家提供「兩文三語」（中英文字幕及普通話、粵語、英語）服務的迪士尼樂園，所以內地遊客在這裡不會有任何不便。

記者：在與遊客交流的過程中，您有沒有比較難忘的經歷？

梁偉豪：在迪士尼工作 17 年來，除了帶給遊客歡樂之外，還有一點我覺得很感恩，就是我們和很多遊客都成為了朋友，建立了一份友情。在樂園開幕的初期，當時很多遊客都還是少男少女，他們可能在樂園談戀愛，接著結婚。如今，他們會帶著自己的小朋友來玩，所以我感覺就像是一個大家庭，我們一起成長。

我們不時也會收到一些遊客的來信。有一份信我印象很深，是在 2019 年 4 月 1 日收到的，那天恰巧是我和太太的結婚紀念日。這封信是一位來自四川

● 梁偉豪（左）帶記者（右）參觀香港迪士尼「奇妙夢想城堡」

省自貢市的段先生寄給我的。他在信中寫道：「曾經我也是一名內地主題公園的工作人員，在主題公園從業四年有餘，當初決定帶家人去迪士尼的時候還猶豫過到底是去上海還是香港，多番考慮後，最終決定還是去了香港迪士尼，其原因還是想帶著測評的眼光去貴園參觀學習。哪知從踏入香港迪士尼大門的那一刻起，我那份自傲和審視的眼光便消失得無影無蹤⋯⋯我家女兒過兩天就是她五歲的生日，我認為在迪士尼這兩天算是我提前為她送上的最好的禮物。在離開迪士尼的最後一晚，我的女兒居然偷偷哭了，詢問後得知，她是捨不得離開這個美麗的童話世界。」

其中有一句話，我至今都難以忘懷，他說：「當全世界都逼孩子們成長的時候，唯有迪士尼用心保存著一個童話世界。」我覺得這句話很感動，對我的工作也是莫大的鼓勵。

記者：您想對這位段先生說些什麼話嗎？

梁偉豪：我不知道他們是否有機會能看到我們這段對話。如果能看到，我很希望邀請段先生和他的女兒再次來到香港迪士尼樂園。

築夢 25 年

自 2005 年開幕以來，經 17 年運營，香港迪士尼樂園已累計接待國內外遊客超過 8500 萬人次。期間，香港迪士尼樂園共經歷三次擴建。2020 年 11 月，第三輪擴建計劃中的「奇妙夢想城堡」率先完工並對外開放，成為了園區的新地標。

香港回歸祖國 25 年以來，香港迪士尼發生的翻天覆地變化，令梁偉豪對未來充滿期盼。在他看來，園區的擴建工作和新酒店投入運營，對鞏固香港作為優質旅遊目的地的地位具有重要意義。隨著港珠澳大橋的開通，以及廣深港高速鐵路未來進一步的建設，相關基礎設施的完善，不僅會為香港帶來更多的遊客，也將為迪士尼築建新的夢想之旅注入新的活力。他相信，疫情終會散去，內地及世界各地遊客將再次相聚迪士尼，感受香港別樣的魅力。

記者：香港迪士尼樂園在 17 年的「追夢」過程中也遇到了一些困難。特別是受新冠疫情影響，香港迪士尼前後經歷了幾次的關閉又重啟的過程。在這種環境下，您對樂園的未來依然保持樂觀嗎？

梁偉豪：疫情當下，我們永遠都將遊客的安全擺在首位。樂園會參照政府的防疫指引和政策，去確保遊客安全遊玩。對於樂園的發展，我非常樂觀。我相信困難是會過去的，疫情也會過去。香港迪士尼樂園依然保持著巨大的吸引力。這兩年受疫情影響，內地遊客無法正常往返兩地旅遊，但我們之間的聯繫卻沒有中斷。我們在微博等社交平台開通了賬戶，並向內地遊客及時更新我們最新的動態。他們會將以前來樂園拍過的照片發給我們，與我們互動。在網友的留言中，我們看到，他們期待可以儘快再來香港迪士尼樂園遊玩。內地遊客的支持，為我們保持樂觀提供了強大的信心支持。

記者：香港迪士尼樂園對於香港旅遊業發展意味著什麼？

梁偉豪：香港其實是一個國際性的大都會，開放和包容是香港不變的精神內核。而對於香港旅遊業來說，香港迪士尼樂園扮演著重要角色。這麼多年來，香港迪士尼不斷為香港增添一些不同的旅遊元素，為遊客增添更多不同的

旅遊選項，並提供一個中外文化的交流平台。更關鍵的是，香港與粵港澳大灣區內其他城市地緣相近、人緣相親、語言相通，特別是當廣深港高鐵、港珠澳大橋相繼落成後，我們在交通方面已經形成了一個黃金生活圈。遊客在一個很短的交通距離，就能體驗到一個國際級的主題樂園，我相信香港迪士尼，一定會令香港乃至整個大灣區的旅遊業蓬勃發展，大家都會得益。

回歸 25 年，我很希望，香港迪士尼能成為吸引世界各地來到香港、來到中國的一個積極元素，也很希望來過香港迪士尼、與香港有過故事的旅途，能讓他們更加豐富、更加開心，在香港迪士尼、在香港、在中國的歡樂能成為他們人生中珍貴回憶的一部分。

（本文首發於 2022 年 9 月 9 日）

港故事

香港回歸祖國25年25人訪談錄

入境事務處
IMMIGRATION DEPARTMENT

「『優秀人才入境計劃』
在制度上更加**寬鬆**，更有**針對性**，
為人才來港提供了很大**彈性**。」

陳國基
香港特別行政區政務司司長

時任香港特別行政區入境事務處
執法及聯絡科指揮官

2006

政務司司長陳國基談香港經濟發展利器

未來不是「邀請」人才，
而要全力「搶」人才

◎ 李喬新　陳晨　許曉鑫

　　2006 年 6 月，香港啟動實施「優秀人才入境計劃」（下簡稱「優才計劃」），引發了廣泛關注，認為香港由此拉開「不拘一格攬人才」的大幕。

　　「之前也有其他引才計劃，但前提都是申請人要先在香港找到工作，但這個『優才計劃』是可以來了香港後再決定做什麼工作。」近日，在香港特區政府總部辦公室內，香港特別行政區政務司司長陳國基接受記者專訪時回憶，「這個計劃的成功之處在於，讓來港人才有更多的選擇。」

　　其時，陳國基擔任入境事務處執法及聯絡科指揮官，正是「優才計劃」的推手之一。16 年過去了，「優才計劃」的年度配額從一開始 1000 個增加到 4000 個，陳國基展望未來的「野心」也更大：「香港要發展，未來不是『邀請』人才，而是要全力『搶』人才。」

敞開大門「不拘一格攬人才」

　　在香港入境事務處大樓，有一層是專門為內地留港人士簽發簽證的組別。雖然受新冠肺炎疫情的影響，這裡不像以前那樣人頭湧湧，但工作人員仍然十分忙碌。

　　香港與世界很多地區一樣，面臨著生育率低、人口老化的問題，因而香

● 香港特區政務司司長陳國基

港特區政府在回歸初期已意識到人才短缺的問題，因此先後推出「輸入內地專業人才計劃」「輸入優秀人才計劃」「非本地畢業生留港 / 回港就業安排」等，期望吸引各地人才。

「從當時香港的人口結構和流動情況看，招才引才已到了刻不容緩的程度。」回想起在入境事務處 30 多年的「從業經歷」，陳國基特別有感觸，「所以推出『優才計劃』的時候，我們意識到，力度還可以更大，後期的保障措施還可以做得更好。」

記者：您從 1982 年到 2016 年都在香港入境處任職，見證了香港不同時

期入境事務的變化。尤其是香港回歸祖國前後，入境處的相關政策變化也比較大。

陳國基：港英政府時期的香港出入境政策，以和外國的接觸為原則，很少考慮到如何與內地交流、內地人怎樣來香港等問題。直到香港回歸祖國之後，香港許多政策和內地產生了緊密聯繫。比如，增加了廣深港高鐵西九龍口岸、蓮塘口岸、港珠澳大橋等陸路口岸。口岸的增加反映了我們和內地的接觸越來越密切，越來越重要。

記者：「硬連通」增加了，「軟連通」的政策變化也隨之而來。

陳國基：最明顯就是「人」的問題。回歸初期，香港特區政府就意識到人才短缺的問題，陸續推出了吸引人才的計劃，鼓勵人才來港發展。

記者：2006 年 6 月開始實施的「優才計劃」被廣泛關注，不少人認為香港由此拉開了「不拘一格攬人才」的大幕。

陳國基：這個計劃很重要，以前任何人想來香港，就必須要有一份工作，同時僱主還要證明這份工作在香港沒有人才可以做，這樣才可以向內地或者去外國招聘人才。而優才計劃的申請者不需要事先找一份工作，我們就給他居留身份，讓他來了後再決定做什麼工作。這個計劃一年給 1000 人的配額，主要針對精英人士。

怎麼判斷申請人是不是優秀人才？一是綜合計分，包括學歷、年齡、工作經驗、家庭背景、語文能力；二是成就計分，看他個人是否有突出的成就。最後是由一個「輸入優秀人才及專才諮詢委員會」來決定，這個委員會成員由行政長官任命。委員會除了主席外，還有 18 個成員，其中，3 名分別來自保安局、教育和人力資源、勞工部門，其餘 15 名是各界社會精英。這個計劃的成功之處在於，它給申請人士提供了更大的彈性，讓不同地方的人才覺得來香港很方便，不拘束，也不硬性要求他完成工作後要留在香港。當然，我們很希望優秀人才能留在香港，為香港作貢獻。

記者：這個政策的吸引力大嗎？重點傾向哪些人才？

陳國基：隨著我們不斷完善，這兩年「優才計劃」的獲批人數也在逐步增長，已經超過了我們的每年配額，所以目前這個計劃的配額已經增加到每

● 入境事務大樓

年 4000 個。

但如何填補人才缺口仍是香港要面臨的一個重要問題，尤其是科研人才。

根據香港特區政府勞工及福利局此前發佈的《2027 年人力資源推算報告》，香港創科產業的人力需求在未來幾年內將按年增長 4.6%，增速居各行業之首。預計到 2027 年，香港創科相關行業人力資源需求將達到 5.76 萬人。除了科研領域，文藝、體育等其他方面的人才我們都是歡迎的。

記者：未來香港如何吸引人才？

陳國基：人才是一個地區發展最寶貴的資源，而當今環球競爭，歸根到底也是「人才戰」。保持人才競爭力是香港經濟發展利器。因此，我們未來要更加開放，不僅是入境政策上繼續「敞開大門」，還要在人才抵港後的保障制度上力度更大。我們不是「邀請」人才，而是要在世界範圍內全力「搶」人才。

習主席「金句」應成為香港公務員座右銘

1998 年底，在入境處工作的陳國基被派往香港特別行政區政府駐北京臨時辦事處工作，成為了第一批被派往北京的香港特區官員。為期 3 年的半工半讀「北漂」生活不僅拉近了他與內地的距離，更讓他對「為香港市民謀福利」這一想法有了更深一層認識。

2017 年 7 月 1 日，陳國基出任特區行政長官辦公室主任，成為首名紀律部隊出身的行政長官辦公室主任，再次開啟了長達五年的公務員生涯。陳國基堅信，有了國家的支持，自己能和香港一起扛過任何挑戰。

記者：1998 年底到 2001 年，您在北京工作之餘，還在清華大學修讀了一門法學課程。壓力會不會很大？

陳國基：我原本是想在北京工作期間順便學好普通話，後來有朋友提議說，不如到大學讀一門課。結果，我適逢其會，進入清華大學修讀法律課程。讀法律能更好了解國家制度，也能學習普通話，確實一舉兩得。

● 陳國基（右二）落區探訪

● 在政務司司長辦公室，陳國基（右二）與記者分享香港將如何「搶」人才

記者：您可以說是親眼見證了內地的發展與變化。

陳國基：對。我 1976 年第一次和家裡人到廣州。當時我看到老百姓的衣服只有白色、灰色、藍色三種顏色，每樣東西都不是很發達；而當我新世紀在北京的時候，就已經高樓林立，色彩繽紛。所以，這幾十年間，我看到內地的變化要用「巨大」來形容。同時，我有了一個很深的感觸：任何一個能讓老百姓生活水平不斷提升的政府就是好政府。我們國家就是如此，香港也一定要跟著國家，共同發展。

所以我特別認同習近平主席說過的一句話「人民對美好生活的嚮往，就是我們奮鬥的目標」。我和同事分享時都會說，這句話應該成為我們香港公務員的座右銘。我們以後開展工作就是要看清楚，這個工作是否能讓市民生活得到改善，如果是，那就一直堅持做。

記者：香港在 2019 年發生了「修例風波」，當時您任職行政長官辦公室主任，受到的壓力也一定不小，甚至被所謂「制裁」。

陳國基：在香港經歷「修例風波」時，我們深深感受到，原來外國插手香港事務、影響香港事務，能到這麼深的地步，破壞力能這麼強。美國的所謂制裁，正好讓香港市民，特別是那些對美國仍存幻想的人，看清楚美國政府的無理和橫蠻。我和我的家人毫不畏懼。我非常榮幸有機會在這個崗位服務，我也會竭盡所能，一切以國家和香港的利益為依歸。

過去五年對香港來說是一段很難熬的日子，也是一段歷史性的時期。未來香港的良政善治發展得好不好，我覺得這幾年很重要，但有國家的堅強後盾，隨著香港國安法實施，選舉制度得到完善，我有信心香港未來一定會好。

緊跟國家發展步伐為香港市民謀福

2022 年 6 月 19 日，根據香港特別行政區第六任行政長官李家超的提名，國務院任命陳國基為政務司司長，同年 7 月 1 日正式就職。從基層公務員到政務司司長，陳國基見證了香港融入國家發展的加速度。履新後的他積極研究政

策、熱心落區探訪、聽取各方意見、統籌開展工作……站在香港「由治及興」的關鍵節點上，陳國基希望自己能抓住時機交出讓香港市民滿意的答卷。

記者：當組建新一屆香港特區政府班子的時候，您是怎麼知道自己被委任為政務司司長的？當時心情如何？

陳國基：李家超行政長官先是跟我聊，希望我加入新一屆政府。我跟他聊了一段時間，不是聊我願不願意，我很願意也覺得榮幸，但我也會考慮我是否有這個能力，能否協助到他，而他給了我信心。既然能夠在一個重要位置繼續服務香港五年，行政長官也認為我有能力，那我就要繼續工作。因此，我最後欣然接受，並且會盡我最大努力去協助他，從而達到他想要做到的目標，就是幫助香港實現更美好的未來。這是我最大的責任。

記者：那您覺得政務司司長的具體職責是什麼？

陳國基：主要責任就是統籌政策局之間的工作。政務司下設九個政策局，它們怎麼互相配合，特別是有些政策要跨局協調，我有責任去統籌好。李家超行政長官說過的「我們是以結果為目標」，就是指，執行力一定要強。不能說出來之後執行不了或執行不到位。所以，政策局之間的統籌工作是很重要的，也是我的主要責任。同時，解釋政策也是政府的責任。讓更多市民知道政府在想什麼，這也是我們將來公關的策略。

記者：不少人評價您「人際關係非常好，辦事效率高」。

陳國基：這些過譽了。但我想，所謂「人際關係好」應該是溝通到位。我也做過初級公務員，我入職的時候就是初級，當時就是自己關門做事，但當職位升高，就越需要人幫，現在任職「政務司司長」就更加需要人幫。我做不完九個政策局的事情，我們還需要立法會議員、行政會議員，以及各個社團的幫忙。良好的溝通能力有助於解決事情，這就是所謂好的人際關係。

記者：您作為政務司司長，未來如何履職？

陳國基：未來五年，要儘快落實一些對香港有利的政策。比如教育要做好、市民住的房子要大些、對老人家好些，這些具體的民生要求，我們都要落實去做，讓香港老百姓對生活有所嚮往。

我希望能和行政長官一起努力，讓香港市民在香港居住得越來越開心，越來越幸福，這就是我們工作的目標。我們也會思考如何幫助年青人樹立正確的價值觀，對國家有一個正確的理解認識，加強香港與內地的聯繫合作，更好融入國家發展大局。「五年時間」說短不短，說長不長，我希望自己能抓住機遇，在這五年之後完成這些目標。

（本文首發於 2022 年 9 月 18 日）

「中央給香港送來
『盈盈』『樂樂』兩隻大熊貓。
牠們不單是香港和內地的**保育大使**，
也是增進兩地交流合作的**橋樑**。」

祝效忠
現任香港海洋公園動物及保育部總館長

時任香港海洋公園陸生動物部高級館長
負責管理「香港賽馬會大熊貓園」

2007

香港海洋公園動保部總館長祝效忠講述大熊貓安家那些事

「滾滾」熱愛常年不減！

◎ 李心迪　李喬新

9 月下旬的香港依然暑意未退，而香港海洋公園的大熊貓園內卻帶上了四川的秋意。在這個特意模擬了四川光照氣候的館舍內，大熊貓樂樂跟往常一樣一覺睡到自然醒。

對早餐充滿期待的樂樂可能已經不記得，15 年前牠和另一隻雌性大熊貓盈盈，帶著「慶祝香港回歸十週年」的祝福，從四川臥龍抵達了香港海洋公園。當時，牠們只是體重 60 多千克的幼年熊貓，而現在已經長成約 120 千克的青壯年。

2007 年 7 月 1 日，作為中央政府送給香港回歸十週年的禮物，大熊貓「樂樂」「盈盈」正式與公眾見面。

「開門前已有幾千人在園外等候，這是公園從未有過的盛況。」香港海洋公園動物及保育部總館長祝效忠在接受記者專訪時仍然記得當天的熱鬧場面。當時他是海洋公園陸生動物部高級館長，負責管理「香港賽馬會大熊貓園」。在他眼裡，海洋公園的大熊貓是香港市民美好的集體記憶。「希望不論是香港海洋公園，還是香港社會，都能在樂樂盈盈的陪伴下走向更美好的明天。」

寓意「繁榮歡樂」「經濟豐盈」

大熊貓來港早有先例。

● 香港海洋公園動物及保育部總館長祝效忠

1997 年，為慶祝香港回歸，中央政府決定向香港贈送一對大熊貓。1999 年，經過仔細挑選後，20 歲大熊貓「佳佳」和 12 歲大熊貓「安安」作為先行者來到了香港。

「安安」「佳佳」年齡相差 8 年，一直未能成功繁殖下一代。香港回歸十週年之際，在已有照顧大熊貓經驗的基礎上，中央政府又贈送香港第二對大熊貓——只有 1 歲半的「樂樂」和「盈盈」。

這四頭大熊貓不僅在港掀起經年不減的「大熊貓熱」，而且陪伴著香港一路走來，見證了香港回歸之後的歷程，也成為香港市民密不可分的家人。

記者：「樂樂」「盈盈」這兩個名字是香港市民取的嗎？

祝效忠：2007 年 3 月，中央決定再送一對大熊貓來香港的消息一傳出，香港立刻就掀起了大熊貓「旋風」。4 月，特區政府為這對大熊貓舉行公開徵名活動，民政事務局為此成立了專門的評審委員會，著名作家金庸、時任民政事務局常任秘書長林鄭月娥等都是評審團成員。活動收到了 13000 多位市民

投稿，最終，「樂樂」「盈盈」勝出，成為了這對年幼大熊貓的新名字。這兩個名字是帶著「繁榮歡樂，經濟豐盈」美好寓意的。

記者：為了迎接大熊貓的到來，香港方面做了什麼準備工作？

祝效忠：樂樂、盈盈是 4 月 26 日來到香港的。當時樂樂的譜系編號是606，盈盈是 610。為了能順利迎接牠們，我們的團隊和臥龍保護區的專家也保持著溝通合作，還專門派出獸醫和飼養員團隊到四川當地的熊貓基地去「特訓」。海洋公園還改建了香港賽馬會大熊貓園，專門為樂樂盈盈準備新居。整個場館都在模擬四川的自然環境，頂部引入自然光照明。樂樂盈盈來香港的時候才一歲半，因此我們特別在牠們的運動場裡設計了攀爬架，還佈置了大小不同的石頭和一些河流，希望給年幼的牠們提供足夠的活動空間，能夠玩得盡興。事實證明這些都很讓牠們喜歡，盈盈就特別愛在攀爬架和樹木的高處睡覺。

記者：香港市民對樂樂盈盈十分期待。

祝效忠：是的。除了給牠們取名字外，在正式見面當天，海洋公園門口排出了幾千人的長隊，全都是希望一睹「國寶」風采。公園統計，當天有約3.5 萬人次來看望樂樂、盈盈。樂樂、盈盈，雖然是第一天與大家見面，但並不「怯場」，牠們在館內四處活動和進食，還不時追逐玩耍。牠們的一舉一動，不斷引起遊客大笑和拍照。這 15 年來，大家會給牠們辦生日會、送點小心意，也有市民在網頁上留言，是全港男女老少都熱捧的「大明星」。

記者：大熊貓的家鄉與香港相隔千里，在日常起居上怎樣使牠們適應新家園？

祝效忠：大熊貓的日常起居有很多學問，從吃飯到排便都有很多需要注意的地方。每天一大早，我們會給牠們提供大約三十到四十公斤的新鮮食物，主要是竹子、窩頭、蔬菜，也會有牠們喜歡的竹筍、紅薯、沙葛。我記得牠們來了兩個月就大約重了 10 公斤。

我們的竹子都是從廣州從化運來，那裡有我們的兩個竹場，能提供十多個不同品種的竹子，讓大熊貓一年四季都有不同選擇。我們在海洋公園園區內也種植了不少竹子，即便從化的竹子因為意外無法準時送達，大熊貓也能隨時

● 2007 年盈盈樂樂來港引發熱潮，熊貓館內擠滿了來看望牠們的遊客

● 盈盈和樂樂　攝於 2008 年

吃到新鮮食物。除了竹子，大熊貓還特別喜歡吃甜的水果，蘋果、桃子、香梨都是牠們的最愛。因此平時在給牠們做身體檢查的時候，我們也會用水果「賄賂」牠們，讓牠們配合檢查，從而採集到更多樣的生理數據。

記者：現在已經成為「青年」的樂樂和盈盈，何時能成功孕育「港產」大熊貓，似乎一直是香港市民關心的話題，也是你們的保育使命。

祝效忠：是的，這也是我們一直努力的事情。我們在每年的繁殖期都會為牠們做一些特別的準備工夫，包括室內的燈光會模仿四川的日照時間，室內溫度也會模擬四季的變化。對雄性大熊貓樂樂，我們特別為牠進行了一些鍛煉項目；2015 年，也讓雌性大熊貓盈盈去參加全國大熊貓繁殖計劃，希望牠能學到一些自然交配的技術和經驗回來，讓我們大熊貓的繁殖計劃成功幾率增加。

大熊貓是香港和內地的特殊紐帶

從 1997 年開始，香港與四川就因為「大熊貓」結下了深厚的情誼。

自從大熊貓到港後，香港在飼養保育等方面和四川保持著定期交流。2008年汶川大地震發生以後，香港特區政府捐款 100 億港元，援建 190 個項目，其中 23 個就在臥龍。2016 年 5 月 11 日，中國大熊貓保護研究中心臥龍神樹坪基地——中華大熊貓苑順利開園，標誌著香港援建臥龍的災後重建工作全部完成。為感謝香港的幫助，中國大熊貓保護研究中心臥龍神樹坪基地和都江堰基地向香港市民永久免費開放。

除了四川外，香港特區政府也與陝西、甘肅都簽訂了許多有關保護大熊貓棲息地的合作框架和備忘錄。

「可以說，大熊貓成為了香港和內地的特殊紐帶。」祝效忠動情地說。

記者：2008 年汶川大地震發生後，香港特區政府主動伸出援手支援大熊貓故鄉的重建。具體是怎樣開展？

祝效忠：汶川大地震給中國大熊貓保護研究中心帶來巨大損失，臥龍核桃坪基地全部被破壞，通往外界的道路嚴重受損。當時特區政府決定援建中國大熊貓保護研究中心及相關設施，並委託海洋公園推進臥龍保護區的援建工作。我們成立了一個「香港海洋公園保育基金」，從 2008 年開始支援大熊貓棲息地的重建和保育工作。2014 年，海洋公園又受香港特區政府委託，協助推行「川港臥龍自然保護區持續合作計劃」，並成立項目統籌辦公室，負責監督及管理相關的 25 個項目，涵蓋生態保育、科研、社區發展和人才培訓等。隨著 2016 年香港援建臥龍的災後重建工作全部完成，我們這些項目也圓滿落幕。

記者：您去過香港援建的神樹坪「中華大熊貓苑」、都江堰大熊貓保育基地嗎？

祝效忠：我和我的大熊貓保育團隊對於神樹坪和都江堰的大熊貓保育基地都非常熟悉，因為之前每年我們都會舉行一些研討會，交流討論大熊貓的管理、繁育和棲息地的保育計劃。比如海洋公園在老年大熊貓護理方面比較有經驗，那麼我們也和四川的一些合作單位定期交流分享這方面的經驗和科學數據。

此外，海洋公園還和四川省農業農村廳簽訂了協議，共同管理三江保護站。在保護站裡，我們可以通過該地區設立的紅外監測相機去監測到大熊貓的分佈，也能培訓保育人員和教育當地學生大熊貓的相關知識，去令更多人去保育大熊貓和野生生態環境。

記者：看來「大熊貓」除了帶給香港市民歡樂外，還聯繫著一種特殊的情誼。

祝效忠：大熊貓安安、佳佳、盈盈、樂樂來香港已經很多年了，牠們可以說是香港和四川間的橋樑。遊客來到香港海洋公園探望大熊貓的時候能更加了解四川，而內地同胞來海洋公園探訪這四頭大熊貓的時候，也通過海洋公園進一步認識香港。

除了四川，香港特區政府和陝西、甘肅都簽訂了許多相關的合作框架和備忘錄，和當地大熊貓保護區保持著密切聯繫；香港海洋公園也通過許多不同

● 祝效忠（左）在香港海洋公園大熊貓園內向記者介紹大熊貓的生活與
園區近況

合作平台支援大熊貓的保護工作。這一切都體現了香港和內地持續而緊密的聯
繫，也展現了我們和內地人民的深厚情感，可以説，大熊貓已經成為了香港和
內地的特殊紐帶。

　　不僅大熊貓，我們在其他一些瀕危物種保護上也與內地的專家和保護單
位合作無間，比如川金絲猴和小熊貓，以及某些水生動物。

繼續在大熊貓陪伴下開創美好明天

　　從 1997 年中央決定捐贈香港第一對大熊貓，到 1999 年安安、佳佳抵港，
再到 2007 年來港的樂樂、盈盈，大熊貓們以一種獨特的方式參與著、見證著
香港回歸的 25 年歷程。

　　2016 年，大熊貓佳佳離世，終年 38 歲，是迄今全球最長壽的圈養大熊
貓；2022 年 7 月，大熊貓安安去世，終年 35 歲，相當於人類 105 歲高齡。在

安安離世之前那段日子，無數香港市民自發在網絡上為安安「集氣」。

「2022 年是香港回歸 25 週年，也是樂樂盈盈陪伴香港人的第 15 年。」祝效忠二十多年的工作生涯幾乎都沒有離開過大熊貓，他也對大熊貓投入了無比深厚的感情，連手機壁紙都是大熊貓的照片。

「不僅是我，大熊貓已經成為了香港人的集體記憶，成為了大家習以為常卻又不可分割的一部分。」祝效忠說，希望不論是香港海洋公園，還是香港社會，都能在樂樂、盈盈的陪伴下走向更美好的明天。

記者：樂樂、盈盈可以說是您和您的團隊一手帶大的孩子。

祝效忠：當然。1997 年香港回歸的時候我還在唸書，在海洋公園兼職了四年教育大使。1999 年畢業後我就進入海洋公園做動物護理員，這也是我的第一份正式工作。剛工作就接到一個特別的任務 —— 迎接大熊貓安安和佳佳。當時我的心情是非常緊張也非常驚喜。

到了 2007 年，我負責管理大熊貓園，迎來了樂樂和盈盈。當時牠們只是幼年，轉間過去了 15 個年頭，我回憶起來都非常感動，就像看著自己的小朋友長大一樣。樂樂性格和善，很愛吃東西，還特別喜歡玩薰衣草味的毛巾。玩得興奮的時候，樂樂就會把毛巾在頭部或者身體上到處摩擦。盈盈是一頭很好奇的大熊貓，非常好動活潑，但性格同時也有非常審慎的一面。

記者：很遺憾最初來港陪伴著大家的安安、佳佳都已經去世了。今年大熊貓安安抱恙時，許多網友都自發為安安集氣加油。

祝效忠：大熊貓們早就成為了香港不可或缺的一分子。牠們甚至還能適應香港的語境，聽得懂普通話、英語和粵語。雖然安安、佳佳都已經離開了我們，但是我們永遠感恩牠們為香港市民帶來的歡樂，以及對大熊貓保育和四川棲息地推廣的貢獻。現在樂樂、盈盈也已經陪伴了我們 15 年，並將繼續陪我們走下去。對我來說，牠們都是非常重要的家人。

記者：這 25 年來，海洋公園的發展也是香港經濟社會發展的縮影？

祝效忠：回歸 25 年，海洋公園確實也經歷了大大小小的挑戰。首先非常感謝中央政府信任海洋公園，分別兩次總共贈送了四頭大熊貓交由海洋公園照

顧。我們在 2007 年和 2012 年時，都曾經歷過兩次不同的重新發展計劃。在 2021 年，特區政府和海洋公園也都再度審視海洋公園的未來發展方向，制定了全新政策幫助海洋公園再度出發。受到照顧大熊貓等動物的啟發，未來海洋公園會更加注重教育和保育方面，希望把人和大自然聯繫在一起，為遊客帶來全新的歡樂的體驗。我也相信在中央支持之下，在大熊貓的陪伴下，無論是海洋公園還是香港，都一定可以戰勝所有挑戰，重新出發。

（本文首發於 2022 年 9 月 25 日）

港故事

1997—2022

香港回歸祖國25年25人訪談錄

「**歷史教育、國民教育**的缺失，
是香港社會出現問題的重要原因之一。
我們希望通過編修**地方誌**，
讓香港找到自己的**根**。」

劉蜀永

香港史專家
香港嶺南大學香港與華南歷史研究部高級研究員
香港地方誌中心事務顧問

2008

修誌正是為港人尋根
打下「愛國者治港」思想基礎

◎ 陳晨　許曉鑫　李喬新

　　在第 73 個國慶節來臨之際，中國國旗和香港特區區旗在維港兩岸高高懸掛，「熱烈慶祝中華人民共和國成立七十三週年」的巨幅廣告也在街頭隨處可見。

　　「喜慶、溫暖、熱烈，這才是給自己國家過生日時該有的樣子。」看著高高飄揚的五星紅旗，著名香港史專家、香港嶺南大學香港與華南歷史研究部高級研究員劉蜀永教授特別感慨，「這樣的局面來之不易。」

　　今年 81 歲的劉蜀永從事香港史研究 40 年，在香港工作生活 17 年，對香港有著「不是故鄉，勝似故鄉」的獨特情感。「曾經有段時間，在香港，表達愛國似乎都得格外小心翼翼，但實際上歷史並不是這樣。」

　　從抗日到抗美援朝，從經濟特區建設到華東水災，香港素有深厚的愛國傳統歷史，回歸後，愛國心愈加濃厚，尤其是到了 2008 年，與祖國同呼吸共命運的情感也達到了一個高潮。「但當時開始有暗流湧動，一股激進的勢力企圖破壞香港社會秩序和安寧，反對派裡開始呈現年輕化、激進化趨勢。」

　　這種擔憂，讓劉蜀永更加堅定了修香港地方誌的決心：「歷史教育能讓更多的香港人找到自己的根，這也是『愛國者治港』的思想基礎。」

● 《香港誌·總述·大事記》

● 劉蜀永教授及其著作《簡明香港史》

與香港結緣
補研究空白

　　劉蜀永在香港嶺南大學的辦公室內，書架佔去了近一半的面積。陳列在書架上的各類書籍，是他對香港歷史研究的不竭源泉之一。「我想做一些自己喜歡的事，同時也能對社會有益。」

　　1982 年，剛剛研究生畢業的劉蜀永進入中國社會科學院近代史所工作。適逢中英談判開始，國內國際對香港的歷史都很感興趣。劉蜀永的老師余繩武教授、劉存寬教授也認為應該把香港歷史梳理清楚，於是成立香港史課題組。就這樣，劉蜀永「踏」入了香港的「門」。

　　記者：香港回歸祖國前，內地關於香港史研究是一個怎樣的狀況？

　　劉蜀永：當時國內對香港史的了解其實還是比較有限。所以，我們研究所首先要解決史料問題。國務院批准動用 3 萬英鎊的外匯購買檔案。作為一個學術項目，這麼大的投資在當時是數一數二的，可見國家是很重視和支持對香港歷史的研究。我們用這筆錢購買一套編號為 CO129 的英國殖民地部有關香港的檔案作為研究資料，主要是港英政府和英國政府來往的一些重要文件等等。

　　記者：您發現了哪些比較珍貴的史料嗎？

　　劉蜀永：有的。例如關於英國在香港的殖民統治，我們在檔案中發現一些很生動的事例。比如說在香港犯下同樣的罪行，當時港英政府對英國人和華人的處罰差別就很大。我們在檔案中還看到，當時華人和英國人在監獄中的伙食也有很大差別。

　　記者：之後取得了怎樣的研究成果？

　　劉蜀永：在大量中英文檔案的基礎上，我們先後出版了《十九世紀的香港》和《二十世紀的香港》兩本書。在香港回歸的過程中，這兩本書還是發揮了很大作用。當時很多人想了解香港歷史，主要是通過我們兩本書，很多重要的問題都可以在書中找到答案，填補了當時內地關於香港史研究的一個空白。

　　記者：除了歷史研究，您也做了很多香港史的推廣宣傳工作。

劉蜀永：我們在國內各大報紙都開設了專欄，介紹香港歷史的方方面面。印象最深刻的應該是 1997 年香港回歸前，我參加了中央電視台國際頻道的 72 小時現場直播。作為一名歷史學者，希望能用自己的歷史知識來為社會服務，讓香港及內地市民在一個真實的歷史認知基礎上，對回歸的必然性有一個正確的理解。

記者：當時您在演播間心情如何？

劉蜀永：當我看到英國國旗降下，五星紅旗和香港特區區旗升起時，確實很激動。從歷史的角度來講，香港回歸是我國幾代人的夙願。最終我們不是通過戰爭手段，而是通過和平手段順利收回香港，確實是一件很不簡單的事情。

為什麼我們可以成功？一方面，在中國共產黨的領導下，國家的經濟實力不斷增強，特別是改革開放以後，國家經濟發展得非常快。另一方面，中央對香港採取了正確的政策，提出了「一國兩制」的方針，得到了包括香港市民在內的廣大人民群眾的支持，所以香港才能順利回歸祖國的懷抱。作為一個歷史學者，以及這一重大歷史事件的見證人，我感到非常自豪。

為推動修誌
奔波數十載

「香港回歸前夕香港史研究曾是一門顯學」，劉蜀永說，香港回歸後，內地關於香港史的研究趨於平靜，但機緣巧合之下，他與地方誌產生了聯繫。

改革開放後，國家成立了中國地方誌指導小組。由國務院委託中國社會科學院代管，負責統籌規劃、組織協調、督促指導全國地方誌工作。

在劉蜀永看來，香港作為國際大都市，需要將珍貴的歷史資料保存下來。於是，他從 1997 年起，聯絡香港本地學者一起推動修誌。2005 年，在嶺南大學的邀請下，劉蜀永通過「輸入內地人才計劃」到該校研究香港史，協助推動地方誌編修。

記者：您到香港後，推動修誌工作進展順利嗎？

劉蜀永：香港修誌採取的是「政府支持，社會參與，學者主修」的模式。這種方式有一定的優勢，但困難就是缺少政府主導，沒有經費來源，需要我們自己去籌很大一筆錢。

最困難時，香港地方誌辦公室只剩下三個人，我的助手都發不出工資。但我們始終沒有停止工作，不斷在政府及社會層面推廣地方誌。期間，我們寫了 40 多本與編修地方誌有關的書籍，積累了修誌經驗。

記者：後來是怎樣取得突破性的進展？

劉蜀永：真正取得重大進展，應該是在 2019 年。在習近平主席的關心下，在特區政府的支持下，董建華先生創辦的團結香港基金接手地方誌編修工作，成立了香港地方誌中心，正式開展《香港誌》的編修工作。

我們做的第一本書就是《香港誌‧總述‧大事記》。書中記錄了遠古至 2017 年間，香港從自然到社會、從歷史到現狀的發展概況和六千多件大事，是首部以香港命名的地方誌。

推歷史教育
幫香港尋根

起初，劉蜀永推動修誌的想法比較簡單，主要是從「存史」的角度出發，即保存香港史料。

2008 年，香港社會各界參與國家事務的密度、深度和廣度到都達到了回歸以來的新高度。這一年，冰雪災害、汶川地震牽動著香港人的心，圓夢奧運、太空漫步的盛事也讓香港市民的愛國熱情掀起一浪接一浪的高潮。當年的一項民調顯示，超過六成的香港青年在奧運會後提升了身為中國人的自豪感。

也正是這一年，劉蜀永對修誌的作用有了不同的看法。

記者：您為什麼覺得 2008 年是一個「轉折點」？

● 劉蜀永教授（右三）出席香港書展主題講座

● 劉蜀永教授（前排中）與助理（前排左一）帶記者重走龍鼓灘

劉蜀永：香港人國民身份認同在 2008 年上升到了新台階，但與此同時，某些西方國家將香港視為遏制中國崛起的前沿陣地，加大對香港內部事務的干涉和破壞；而香港本身當時經濟轉型成效不昭，又經歷兩次金融風暴的衝擊，年輕人向上流動的機會減少，因而在 2008 年「愛國激情」達到一個高度後，香港社會反對派中年輕化、激進化的趨勢也愈發明顯。

記者：當您察覺香港社會思潮出現變化時，您覺得可以做些什麼？

劉蜀永：地方誌具有「存史、資政、育人」的功能。我們意識到香港地方誌應該發揮更多「育人」的作用，特別是在凝聚社會共識、促進人心回歸等方面。

雖然歷史教育不能解決所有問題，但至少能解決一部分問題。部分香港年輕人之所以激進化，其中一個重要原因就是香港歷史教育的缺失，去殖民化做得不到位。

比如，中環有一條街叫砵典乍街。砵典乍（又譯作「璞鼎查」）是港英政府第一任總督，也是鴉片戰爭的英軍指揮官。指揮英軍戰艦打到南京，簽《南京條約》的就是他。但如今，他的名字還留在香港的街道上。當然，去殖民化並不只是更改街道名稱這麼簡單，還需要有深入的、正確的歷史教育。

記者：於是，您想通過修誌幫助香港市民更加清晰了解歷史？

劉蜀永：是的，我們希望這樣做歷史教育的工作，讓香港能找到自己的根，凝聚香港社會的共識，幫助市民正確理解香港與國家的關係。同時，也能給特區政府施政提供一些參考材料。比如，我們在《香港誌·總述·大事記》中，重點解決了幾個問題：香港是怎麼來的；香港人是怎麼來的；香港和國家的關係是怎麼一個狀況；香港在國家發展中的歷史定位。

我們努力發掘一些新的史料，嘗試通過新的角度，去思考香港的歷史定位及作用。

講香港故事
促人心回歸

在採訪中，「歷史教育」是劉蜀永提到最多的一個詞。他認為，善用香港本地的歷史資源來開展國民教育和歷史教育更有成效。

2022 年 9 月 4 日，香港沙頭角抗戰紀念館隆重揭幕，行政長官李家超出席典禮。劉蜀永所在的嶺南大學香港與華南歷史研究部，義務承擔了紀念館展覽規劃和展板內容設計的全部工作。他對此事傾注了大量心血。「歷史教育不可能解決所有問題，但肯定對社會發展有幫助。」

記者：您如何看待香港的歷史教育？

劉蜀永：由於歷史教育、國民教育的缺失，所以很多香港人不能全面客觀看待國家發展。這種缺失也造成部分香港年輕人沒有正確的歷史觀。

我們認為，讓香港的市民，特別是年輕一代，通過本地歷史去了解國家的歷史，了解香港與國家的關係，可能是一個更有效的途徑。

最近幾年，我們做了一件很重要的事情，就是去深入研究香港抗戰的歷史，特別是港九大隊的歷史。我們展開田野調查，探訪一些歷史親歷者的後代，也發現了不少重要的抗戰遺跡。

記者：為什麼選擇港九大隊這段歷史？

劉蜀永：中國共產黨領導的抗日游擊隊港九大隊，是在香港三年零八個月的淪陷期間，唯一一支成建制的由始至終堅持抗戰的抗日武裝力量。其中，大部分隊員就是新界的原居民。因此不難看出，在當時的新界地區，中國共產黨領導的游擊隊已經有很好的群眾基礎。當時的香港市民和共產黨在長期鬥爭中深厚的魚水之情，也反映出香港市民愛國的傳統。我們希望能讓更多的香港人了解中國共產黨對保衛國家、保衛香港的歷史貢獻。

記者：您如何理解歷史學者的責任？

劉蜀永：作為歷史學家，我只是想做一些自己喜歡做的事，做一些對社會有益的事。歷史教育和國民教育，實際上也為「愛國者治港」提供一個很好

的思想基礎。有了思想基礎，人心回歸的問題、「一國兩制」行穩致遠的問題才能得到更好的解決。

記者：您對香港是一種怎樣的感情？

劉蜀永：我從事香港史研究已整整 40 年。在研究的前半段，我主要是在北京依靠檔案和史料來研究香港。後來，我在香港已生活 17 年，有機會更多地了解這裡，也去過很多偏遠地區和村莊，研究比過去更加深入。所以我對香港是懷著一種「不是故鄉，勝似故鄉」的深刻感情。我希望利用自己特殊的經歷，為香港與內地的溝通做些事情。特別是在身體健康狀況允許的情況下能多做幾年。

歷史研究是需要積累的。我也希望把我這幾十年積累的資料和經驗交給香港年輕一代，希望他們將香港歷史的研究傳承下去。

畢竟，了解才能熱愛，而愛國是每個人心中最樸素、最真摯、最深沉的情感。

（本文首發於 2022 年 9 月 30 日）

港故事

1997—2022

香港回歸祖國25年25人訪談錄

「立法會議員發聲不能是『政治作秀』，

而是要幫助市民監察特區政府，

讓政府為市民做出更好成績。」

吳文華

時任香港立法會秘書處秘書長

2009

立法會「大內總管」吳文華批「拉布」惡風

議員發聲不能是「政治作秀」而須心懷民生

◎ 李喬新

2009 年 12 月 15 日，舉世矚目的世紀工程港澳珠大橋動工，然而這項連接三地的便民工程，在推進「香港段」建設的時候卻在香港立法會中深陷「拉布」泥潭，遲遲無法上馬。

「當時有個別立法會議員採用一些激進方式在議會裡表達意見，認為只有這樣，選民才聽到他們的話，但他們沒有想到惡果。」2022 年 10 月，秋意漸濃，香港立法會大樓外五星紅旗和特區區旗迎風飄揚，天大研究院香港政策研究中心主任吳文華回憶說，2009 年，她任職香港立法會秘書處秘書長，在「有樣學樣」的帶動下，香港立法會從那一年起氣氛變得越來越激烈，惡意「拉布」逐漸成風，議事停擺，嚴重影響了事關香港民生、經濟發展等各項法案的推進實施。

「直到 2021 年香港選舉制度完善後，議員可以在正常和理性的環境下履行職務，立法會運作恢復暢順高效。」吳文華說，「議員發聲不能是『政治作秀』，而是要真心為民，幫助市民監察特區政府，讓政府為市民做出更好成績。」

● 天大研究院香港政策研究中心主任，原香港立法會秘書處秘書長吳文華

惡意「拉布」最終損害香港市民利益

吳文華從 1990 年進入香港立法機關工作，親歷了香港立法機關從香港立法局、香港臨時立法會到香港特區立法會，見證香港回歸、第一屆特區立法會成立及回歸 25 年來香港立法會的點點滴滴。

作為香港立法會的常設機構，秘書處由立法會行政管理委員會領導，除了負責為立法會各類會議提供秘書服務，還需承擔資料研究、人力資源、行政支援和後勤保障等方面的職能。

從 2009 年開始掀起的惡意「拉布」，秘書處首當其衝，因為無論會議拖延至何時，秘書處均需派人在現場。「最大的惡果就是導致政府多項民生、經濟、科技重大項目遲遲無法上馬。」

記者：為什麼會從 2009 年開始有比較明顯的「拉布」行為？

吳文華：回歸前，立法局議員有一部分是由港英當局委任的，立法局主

● 立法會綜合大樓，位於香港香港島金鐘立法會道 1 號

● 立法會綜合大樓一樓會議廳　攝於 2020 年

席長期由港督兼任。如果哪個議員不聽話，他的任期就會很短。同時，因為委任制的關係，會議通常都是閉門的。

回歸後，立法會議員全部經由不同方式的選舉產生，立法會主席也由議員自己互選產生。透明度高了很多，無論特區政府還是立法機關，都可以被市民問責。這樣一來，就容易滋生了「政治作秀」。

尤其是 2008 年（第四屆立法會）選舉後，多了一些激進議員進入立法會，他們會選用一些激進方法表達他們的意見去迎合他們選民的要求，似乎只有這樣，選民才知道他們替選民說話了，但他們沒有想到這樣改變了議會文化。在「有樣學樣」之下，2009 年開始「拉布」成風，甚至出現了一些過激行為，譬如扔東西、大聲罵官員等，而一些傳媒又將這種現象廣為傳播，形成了惡性循環，使得多個民生項目陷入泥潭，最終受損的，是香港的民生福祉、發展機遇。

記者：他們肆無忌憚地「拉布」，立法會無法阻止嗎？

吳文華：在議會文化裡，當你剝奪了一個人的發言權、投票權，就是「極刑」。但事實證明，有些議員就是不知悔改。至於進一步的懲罰方法是，假如你一而再再而三違反規定，那你就有段時間不能回來。

記者：2020 年 11 月，香港特區政府宣佈四名立法會議員被取消資格。

吳文華：根據基本法，完成宣誓者其後從事違反宣誓內容的行為，本身就要承擔法律責任，會被取消資格。相關議員從根本上違反了香港基本法定下的議員底線規範和忠誠條件，也違反了這些議員的宣誓內容，被 DQ（取消資格）具有法律依據。

賢能愛國者「入閘」不是「橡皮圖章」

矗立於維港之畔的立法會綜合大樓，與香港特區政府總部毗鄰而居，是香港首座為立法機關興建的專用大樓。「這裡的一磚一瓦都是我自己設計的」，20 多年的服務生涯讓吳文華對香港立法會有著深厚的感情。對她來說，這裡

不僅是她上班的地方，更像是自己另一個家。「誰不想自己的家好？所以無論是軟件還是硬件，我都希望能有助立法會運作暢順。」

從硬件的煥然一新到軟件的注入活力，從「拉布」到「完善選舉制度」，吳文華更加堅信，立法會在香港扮演非常重要的憲制角色，立法會的理性和高效也是香港前進不可或缺的。

記者：您曾經撰寫了一本「議事規則」，被認為是香港立法會「天書」，能對立法會運作暢順起到廣泛的指導作用。

吳文華：全稱是《香港特別行政區立法會歷史、規則及刑事方式參考手冊》。回歸之前，我們是希望梳理歷史、修改規則、完善理念，更好落實「一國兩制」，所以希望它（這本書）能協助議會有效運作。特別預計出現一些危機或者困難的時候，能夠得到解決。比如，當時已預期（內務）委員會的工作是無間斷的，不會出現因為未選出主席就停止運作的情況。

記者：立法會很多人都稱您為「大內總管」。

吳文華：這是大家客氣了。從一開始我就覺得在我的服務期內要留兩樣東西給立法機關，一個好的硬件，一個是好的軟件。硬件就是這棟新的立法會大樓，裡面一磚一瓦都是我設計，有什麼設施，甚至哪裡有開關、哪裡放桌子凳子，因為我知道運作流程是怎麼樣，身邊有什麼東西能讓工作更加順手，怎樣才能讓立法會運作暢順。比如，我會特別留意「直播功能」，期望所有的會都可以直播；大樓裡哪個地方裝燈，能讓議員上鏡漂亮等等細節，我都會考慮，這就屬於硬件。

軟件就是指我的那班同事。秘書處的工作非常嚴謹、專業，要培養一名綜合性的管理人員相當不易。所以，我通過開培訓班，而讓我們團隊更加高效、靈活與多技能，更能服務好立法會。

記者：當前的第七屆立法會是香港完善選舉制度後產生的新一屆立法會。您如何評價？

吳文華：從目前的運作來看，新一屆立法會能夠恢復「有序、有效」的理性秩序，讓議員有充分空間去履職盡責。長久以來，立法機關與特區政府都在

● 吳文華（右）在添馬公園與記者（左）分享當年香港立法點滴

找一個「平衡點」，即如何既相互合作，又能相互制衡。我認為，完善選舉制度後，很多條文清晰了，議員的議事目的也很明確了，這一屆立法會能做好這個「平衡點」。

記者：有聲音說「高效」是因為新一屆立法會的議員都是選出來的「愛國者」，立法會已經淪為特區政府的「橡皮圖章」。

吳文華：「愛國者治港」天經地義，關鍵是議員能為選民服務，也為香港服務，同時有大局觀。因此，議員在審議期間參加委員會時就要很認真，要真的了解清楚準備通過的是什麼內容，這個部分做得好，之後拿上去拍板投票的時候，花的時間就不需要太多。但可能市民只看到最後拍板那一個環節，但他們不知道前面審議的時候，已經做得很審慎。

所以，傳媒既要報道最後法例拍板（通過）的情況，也要報道議員參加審議期間的工作，市民就能明白他們不是「橡皮圖章」，有很多東西是在審議期間已經充分討論並完善了。

記者：您對新一屆立法會議員有什麼期許？

吳文華：議員要緊跟《基本法》做好自己的本職工作，有責任確保通過的法例是符合社會利益的。所以，議員要很認真看政府提出的方案，包括是不是最好的方案，受影響的市民是否有機會表達，市民的關注點如何得到充分處理等，這樣才能對得起香港市民，幫助市民監察特區政府，讓政府可以為市民做出更好的成績。

除了處理法案、財務建議之外，議員還需要多一些思考如何在工作中發揮「一國兩制」的優勢。這不是坐著不動就能做到的事情，而是要多研究、多探討、多了解。我們擁有這個可以和很多國家更好接軌的制度，議員更應該思考如何用好這個優勢，為香港、為國家做得更多。讓香港更繁榮、穩定，最重要是的讓市民安居樂業，有美好的生活，這就是目標。

（本文首發於 2022 年 10 月 21 日）

港故事

1997–2022

香港回歸祖國25年25人訪談錄

> 「這是在一個完全不知道的環境裡運作，
> 香港能參與國家探月任務。
> 而且第一次就要全部成功，
> 十分榮幸也有『只許成功』的壓力。」

容啟亮

香港理工大學鐘士元爵士精密工程教授
深空探測研究中心主任兼精密工程講座教授

2010

「奔月探火」先行者容啟亮講述香港外太空之旅

在中國逐夢太空征途上
烙下紫荊花印記

◎ 張詩雨　陳晨　許曉鑫　張梓望

2022 年 10 月初，好消息從北京傳來，國家宣佈啟動第四批預備航天員選拔工作並首次在香港選拔載荷專家，主要負責到太空進行各項科學實驗和研究，操作和使用太空實驗設備。

一石激起千層浪。香港 11 所高校及各大科研機構反應熱烈，來自不同專業領域的優秀學者踴躍報名。作為香港參與國家航天項目的「先行者」，香港理工大學鍾士元爵士精密工程教授、深空探測研究中心主任兼精密工程講座教授容啟亮在接受專訪時喜悅至極：「這體現了國家對香港廣大科研人員的信任和肯定，亦是對有志投身科研或航天事業的香港年輕人一大鼓舞。」

時光追溯到 2010 年。容啟亮率領約 20 人的香港理大團隊拉開了「嫦娥」外太空執行能力研究窗口，最終在眾多研究機構中勝出，承擔「相機指向機構系統」研發、「月表採樣器」製造等任務。

十多年來，從「嫦娥」系列工程到「天問一號」，容啟亮多次帶領團隊參與到國家重大深空探測任務之中，在中國逐夢太空的旅途烙上獨特的紫荊花印記。

● 香港理工大學教授容啟亮

與中國航天的緣分從「嫦娥」開始

人類對於宇宙的幻想和探索從未停止，古時便有「小時不識月，呼作白玉盤」。作為世界航天領域的重要力量，中國在 2004 年正式開展「嫦娥」月球探測工程，希望通過拓展對月球的認識，開拓月球的資源，帶動新科技的發展，從而造福人類。

容啟亮與中國航天的緣分正是從「嫦娥」開始。

2010 年，香港理工大學與中國空間技術研究院簽訂聯合研發協議，合力建造「空間精密機械技術聯合實驗室」，在國家探月工程相關領域展開合作。容啟亮團隊也積極參與到為「嫦娥三號」研發「相機指向系統」的挑戰當中。

秋日一個明媚的下午，記者走進香港理工大學深空探測研究中心實驗室，年過七旬的容啟亮剛剛結束與科研團隊成員的會議，對「嫦娥六號」的相關科研工作正緊鑼密鼓地進行著。「能夠被國家選中參與探月工程，是香港的榮幸，也是我們的榮幸」，談起與中國航天事業的結緣，容啟亮目光熾熱，「我們做的是航天儀器研發，高標準、嚴要求，不能容許一點失誤。如果我們做得不好，隨時會被叫停，所以榮幸之餘也不敢有絲毫鬆懈。」

記者：您和中國航天的緣分是從什麼時候開始的？

容啟亮：從 2000 年初開始我們和內地就有聯繫了，但並不是說一開始就指定我們做。所有的項目都是有競爭的，不可能一開始就把這個任務交給你。我們一直和內地合作，做報告、做申請書、做原理樣機來測試，也會和不同的單位比較、競爭。

最終在 2010 年，有了突破，確定由香港理工大學太空團隊和中國空間技術研究院合作，成功爭取到相關項目研發的機會。

記者：最初接到「嫦娥三號」任務時心情如何？

容啟亮：當然是很高興的，也十分感激國家對理工大學太空團隊的關注、信任和支持。香港能參與國家探月任務，與內地頂級科學家緊密合作，各自發揮所長，在科研上共同尋找突破，我感到十分榮幸，也同時感受到「只許

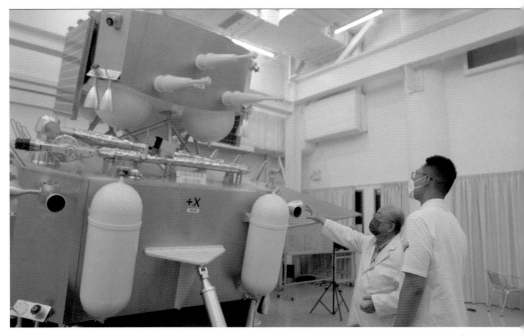

● 在香港理工大學實驗室，容啟亮（左）向記者講述初級封裝裝置運行原理

● 容啟亮正與團隊成員討論

● 容啟亮在「嫦娥三號」
發射現場　受訪者供圖

成功」的壓力。沒有想到今天航空航天領域在香港會有這樣的機遇和發展，不過眼見國家發展一日千里，國家在航空航天範疇上的發展已日漸起飛，並在背後默默支持著香港，我對香港面對的發展和機遇感到欣喜，並期望百尺竿頭，更進一步。

記者：從「嫦娥三號」的「相機指向機構系統」到「天問一號」的「落火狀態監視相機」，您遇到的最大困難是什麼？

容啟亮：很多人以為我們的任務就是做好一件事，反覆試驗就好，但其實不是的。首先，我們要從理論上說服所有專家，包括整個任務究竟是怎樣執行，比如月球的環境怎樣、飛行的時候會怎樣、著陸的時候會怎樣、會遇到什麼問題等，所有的事情都要很清楚。其次，我們還要設計一系列的測試方法來回答評審專家的提問。因為他們會說「怎樣可以讓我們知道你這件東西是沒問

題的呢」，所以我們設計的這個測試方法是可以應對所有預想到的環境的。因此，我們每一次去北京參加評審會都會做好充分準備，但還是很緊張。

因為你只有一個機會，如果做得不好，隨時都會叫停的。我們做了「嫦娥三號」「嫦娥四號」，兩個項目都很成功，內地看到了我們的能力，所以在接下來的探月工程中也都找到我們合作。即使這樣，每一個項目當它發射、降落的時候，都很擔心的。比如「嫦娥五號」，我們參與中國首個月球採樣返回任務，但因為疫情的關係，我們去不了北京，只能在香港遙控。採了樣放到罐裡面，很棒，但還有一件事很擔心的，究竟關不關得上罐子呢……直到返回艙成功關上門，我們才放下心頭大石，大家也都十分興奮。

精通兩文三語是香港專家優勢

2017 年，容啟亮獲邀參與國家首個火星探索任務。雖已成功研製多款精密的航天儀器，但每次開啟新的航天項目，研發過程都要從頭做起，火星相機亦不例外。

「試驗最緊張的時候，一天只能睡兩三個小時。」容啟亮手持銀白色的「火星相機」樣機，向記者展示它的「高科技」，「我們為這款相機量身定製了一套全新的『一體化熱流防護設計、測試及品質控制方案』，將民用零部件一步步提升至航天級別，每個步驟都經過嚴格把關及篩選，這是同類設計第一次應用在航天科技上。」

從神話到現實，「天問一號」旨在一次性實現對火星「環繞」「著陸」及「巡視探測」三大任務，是世界航天史上的首次嘗試。在浩瀚宇宙中，香港科學家的不懈努力也為國家深空探索之路點起熠熠星光。

記者：有什麼讓您印象深刻的事？

容啟亮：最驚心動魄的應該是在 2019 年「修例風波」時，香港理工大學被示威者佔據，校內不少實驗室遭破壞。當時我們為「天問一號」火星探測

任務研發的「火星相機」即將進入交付的衝刺階段。我們整個團隊非常緊張，混入校園把實驗室裡的設備、儀器一點點搬走，在家裡開設實驗室繼續研發工作。

記者：已經在籌備下一個航天任務了嗎？

容啟亮：當然。我們每天有很多事要處理。比如「嫦娥六號」上會繼續沿用嫦娥五號的「表取採樣執行裝置」，但嫦娥六號計劃登陸月球背面的極地，對精密儀器的挑戰性更高。我們要不斷優化我們的裝置。國家未來仍有很多深空探測項目，相信香港未來會有更多機會與內地合作，為國家服務。

記者：近期國家在港展開載荷專家選拔，香港的專家具備哪些優勢？載荷專家最需要具備哪方面的能力？

容啟亮：香港的專家精於各個領域的專業，如材料科學、物理、生物醫學、電子工程、機械工程等，能夠把各項知識融會貫通，並精通兩文三語，是香港專家的優勢所在。載荷專家主要負責開展太空實驗或試驗研究、操作和使用太空實驗的設備等，因此他們最需要是強健的體魄和強大的心理質素，包括抗壓能力和獨立處理問題的能力。除此之外，他們需具備獨有的科學研究操作能力，能夠進行複雜的實驗操作。

沒有科技就一定會落後

在香港理工大學實驗室外的諸多展板上，展示著一系列太空科研的研究成果，一個個複雜而精密的項目，記錄著香港與內地科研工作者們同心協力，推動中國探測器一步步遠行，探索深空的奧秘。

「回歸前的香港並不重視科技創新。」容啟亮回憶，當時港英政府推行「積極不干預」政策，香港大部分尖端科技產品都從國外購買。由於缺少政府支持，香港高校也難以注重科研。直到回歸後香港獲得國家不少支持，特區政府也逐步意識到增強科技力量的重要性，香港的科研環境得以大幅提升。

「如今香港青年擁有更好的科研環境，一定要走出去多看看，多學習，未

來潛力無限。」在低調得甚至沒有門牌的理大「深空探測研究中心」內，容啟亮特別動容，「成立這個中心的另外一個目的也是希望我們的研究可以慢慢交由年輕人去承擔，讓更多年輕人加入，培養更多理論研究人才。」

記者：在您的多個任務中，都有著相似的目標，就是「拍攝」。這與您本身是個攝影愛好者有關嗎？

容啟亮：我讀中學時是 20 世紀 60 年代，當時沒太多東西玩，對什麼東西感興趣都靠自己爭取。那時感覺攝影是科技與美術的結合，覺得很新奇，但是攝影在當時是很奢侈的事，我就只能撿回別人丟棄的舊鏡頭，放進一個自己釘成的木箱，下面再安裝一盞燈，就製成一個可以用來沖曬底片及相片的裝置。然後我又到圖書館找沖曬相片的化學公式，自己去勾兌化學用品。沖曬出第一張相片時我很興奮，後來又慢慢調試到最佳配比，在過程中學到很多。

20 世紀 70 年代香港工業開始騰飛，工科很吃香，我中學畢業後先在香港工業專門學院修讀機械工程，畢業後攢了兩年錢，又去英國讀電子工程和自動控制。後來我很有幸在國際知名的克蘭菲爾德精密工程研究所工作，對研發精密儀器積累了一定的知識和經驗。

記者：您是如何接觸到航天業的？

容啟亮：我從英國回到香港時基本沒人搞精密工程，但航天工程需要很多精密工程的技術，因此我發現在航天業做研究應該是我的機會。結果，1995 年，我受前蘇聯邀請為前和平號太空站研製「太空鉗」供宇航員作精密焊接；我也和歐洲太空總署、俄羅斯太空總署合作開發一系列精密儀器，積累了一些經驗，學校開始給予我們更多支持。

記者：如今香港的科研環境有怎樣的改變？

容啟亮：回歸後，祖國的發展一直是香港科研的內在驅動力，祖國的市場更是香港的外在優勢。尤其是最近幾年，香港逐步開始重視科研，大家開始了解科研不是投入後立刻會看到回報的，需要慢慢培養人才。香港高校有深厚的基礎科研實力，我相信在不久的將來香港可以發揮它的力量。最重要的就是現在政府開始推動科研發展，讓市民認識到科研的重要，我們需要科研力量同

世界各國去競爭。沒有科技就一定會落後。

在科研成果轉化方面，我們有內地這個很大的市場，所以我們要了解內地的民情，科研產品才有可能在內地立足。在內地立足、壯大之後，我們的產品才有機會在國際上擁有競爭力。

記者：隨著「火星相機」被廣泛報道、月球土壤來港展出，以及國家在香港選拔載荷專家，許多香港學生開始對深空探測萌生興趣。

容啟亮：我們國家的航天事業如此成功，除了帶動科技產品創新之外，還帶動了年輕人對科技的興趣。那麼未來，一方面我們要鼓勵他們不斷創新、勇敢追夢，讓更多年輕人走上科研道路；另一方面，政府也應該要加大力度投入，為年輕人提供良好的科研環境。比如我們可以在粵港澳大灣區多舉辦聯合創新比賽，內地和香港的學生可以一起組隊參加比賽，發揮團隊精神，加深彼此的了解。

（本文首發於 2022 年 10 月 27 日）

港故事

1997—2022

香港回歸祖國25年25人訪談錄

「我堅持做『德育及國民教育科』，
是因為我們是中國人，
讓孩子們了解祖國是我們的責任。」

施志勁

香港鮮魚行學校校長
香港教育工作者聯會理事

2011

全港第一堂德育及國民教育課
從升國旗開始

◎ 張詩雨　秦少龍　李喬新

　　在香港大角咀詩歌舞街有一棟低調的四層樓建築，這裡是深水埗街坊們再熟悉不過的鮮魚行學校。

　　學校絕大部分學生都是來自周邊的香港基層家庭，勤奮是這些孩子的普遍特點。「身體力行是中華文化的一種傳統」，即使遭遇暴雨，校長施志勁依然早上七點開始守候在校門口，撐傘迎接家長和孩子們。「『愛國』聽起來很宏大，但其實都是由日常的一言一行彙聚而成。」

　　孩子們上課後，施志勁才回到辦公室，一邊擦拭被雨水打濕的襯衫，一邊與記者「閒聊」。日前，在接受記者採訪時，談及香港德育及國民教育科的推行，他言語間的神態就像 11 年前那樣堅定。

　　2011 年 5 月，香港課程發展議會為中小學推行德育及國民教育科而編寫了《德育及國民教育課程指引（小一至中六）諮詢稿》，目的是進一步加強國民教育內容，持續並有系統地培養學生的品德與國民素質。

　　2012 年 4 月，香港教育局發佈了《德育及公民教育指引》，提出在中小學課程中設立「德育及公民教育科」。提議一出，香港社會開始出現「反彈」。別有用心的人危言聳聽，聲稱國民教育是「洗腦」，「反國教」的聲音一時此起彼伏。

　　2012 年 10 月 8 日，香港政府在壓力下宣佈擱置課程指引，但學校可以自

● 香港鮮魚行學校校長施志勁

主決定是否開展相關課程。「我和時任校長堅持認為作為中國人，我們有責任將祖國相關的知識傳授給孩子們。」10月19日，施志勁按照原計劃開授全港第一堂德育及國民教育課。

「讓香港年輕一代加深對祖國的情感和身份認同是我那麼多年一直堅持做的事。」施志勁說，從一堂課到「公民與社會發展科」的推行，再到全港中小學每日升掛國旗，香港的「國民教育」在這十年也經歷深刻變革，新一代香港青年與祖國的連接也變得越發緊密。

全港第一節國教課教國歌、國旗

「2011年《德育及國民教育課程指引（小一至中六）諮詢稿》出來的時候，社會並沒有太大的反彈。」香港鮮魚行學校的校長室在二樓，就挨著樓梯口，施志勁向記者娓娓而談十多年前的情景，直到2012年4月，香港教育局發佈《德育及公民教育指引》，提出在中小學課程中設立「德育及公民教育科」時，社會上開始關注這個學科在新學年的推進情況。

特區政府連辦三場相關研討會，希望與教育界和公眾探討國民教育在香港的重要性。時任鮮魚行學校副校長的施志勁，一場不落地聽完了，還認真研讀了該指引。「當時很多人認為這個課程『洗腦』」，施志勁回憶說，「但我們要讓學生了解真正的中國。」

於是，當特區政府在壓力下宣佈擱置課程指引後，施志勁親自設置課程框架，決定從自然國情、人文國情、歷史國情和當代國情等方面教授學生。學生每學期上8節連堂國教課，具體課程內容由校內每位老師先自行取材，然後再與同級班主任共同備課決定。

2012年10月19日，由施校長親自教授的香港第一節德育及國民教育課開課。當時學生只有32人，但到場旁聽的記者和家長人數大概是學生的三倍。「光攝影攝像鏡頭就有30多個。」施志勁說，「同事問我緊張嗎？我說不緊張，我上的是國旗和國歌課，我講這些怎麼會緊張？」

● 在鮮魚行學校，施志勁（左）與記者（右）談「國民教育」

● 鮮魚行學校舉行升旗儀式

記者：2011 年特區政府就已經部署把「國民教育」單獨成科。當時情形怎樣？

施志勁：2011 年 5 月，香港課程發展議會為中小學推行德育及國民教育科而編寫了《德育及國民教育課程指引（小一至中六）諮詢稿》，當中提出有系統地培養學生的品德與國民素質。其實之前特首的施政報告已經有提過「德育及國民教育科」獨立成科，所以這個諮詢稿出來的時候，社會並沒有太大的反彈。

記者：什麼時候出現反對聲？

施志勁：2012 年 5 月教育局出了一本《德育及國民教育課程指引》，提出把「德育及國民教育科」列入中小學必修課，我也是從那個時候開始籌備課程。我去香港圖書館聽了三場研討會，回來以後我就和校長商量，要怎樣將這一科加入到課程當中、怎樣教學。後來，香港國民教育中心向全港中小學派發《中國模式——國情專題教育手冊》，裡面談了中國幾十年來取得的重大成就，加深香港市民的認同感和歸屬感，社會上的反對聲音就突然變得強烈，說「德育及國民教育科」是「洗腦」，反對該學科設置。所以最後 2012 年全香港只有六七間學校開了這個課程，我們是其中一間。

記者：那鮮魚行學校為何仍堅持開授國民教育課程？

施志勁：我和梁校長（梁紀昌）當時一致認為，我們中國人為什麼不可以教我們自己的歷史，為什麼不可以讓孩子們知道自己祖國的事，這是我們的責任，也是孩子們必須了解的知識。所以即使遇到那麼大阻力我們都決定照做，雖然很難做，但是我覺得我們應該去做。

我們還決定一件事，不找專門的人去教這科，而是學校每個老師都需要教這一科。因為我們需要統一老師們對這個課程的看法，讓他們都承擔起責任。如果只是一部分人教很容易出問題。我們還開放了家長觀課的通道，讓家長們知道我們上課的內容，我們不是亂教。他們有什麼建議也可以反饋。所以當時家長們很踴躍報名，一下子都預約滿了。

記者：當時有沒有家長反對？

施志勁：我寫完課程的第一個框架後，就去找校友會、家長會主席，聽

聽他們的意見，也讓他們去和家長、校友去解釋。所以當學校正式做的時候，是沒有家長或者校友來反對的。大家都很支持，覺得應該要做這件事。那時外面總是在說「洗腦」什麼的，我們告訴他們不是的，而且很清晰地告訴他們德育及國民教育科的必要性，「我們是中國人，沒理由什麼都不知道」。所以，把一些觀點告知他們，他們是能理解、會支持的，因為他們知道你不是要害他們的孩子。

記者：您頂著壓力開授了全港第一節德育及國民教育課，您這節課的具體內容是什麼？

施志勁：當時上的是「國旗與國歌」。我告訴孩子們中國國旗代表的是我們中華民族，背後蘊藏著我們國家的歷史，要懂得尊重我們的國旗和國歌。時任校長梁紀昌強調，教育是情的教育，要教會小朋友尊重國旗、國歌，增進他們的愛國之情。

在艱難的環境，也能做出不平凡的事

走進鮮魚行學校，不同樓層的樓道內陳列著精心佈置的國民教育科普知識展板和學生畫作。施志勁向記者介紹，學校還開發了電子版互動教學答題程序，獲得一定分數後可以贏取獎勵，這可以進一步增加學生們的積極性和參與感。

十年過去，德育及國民教育科已經成為鮮魚行學校課程中不可或缺的一部分。學校還與時俱進地加入了《港區國安法》等相關內容。「國民教育的內容會涉及《基本法》、人權、法治等，但我們的教學設計很生動貼地，並不艱深枯燥。」

值得一提的是，這所沒有操場的小學在過往數十年來，唯一的旗杆只能聳立在沒有圍欄的天台上。一年多前，學校在禮堂安裝了一支流動旗杆後，學生們終於能在校園裡看著五星紅旗冉冉升起。

不僅鮮魚行學校，2022 年 1 月 1 日起，全港中小學及特殊學校在每個上

● 鮮魚行學校學生參觀立法會

課日都升掛國旗，每週還舉行一次升國旗儀式。「愛國者治港」「身份認同」「愛國愛港」的理念正漸漸深入孩子們的心。

記者：「國民教育」在沒有先例參考的情況下如何備課？

施志勁：我們自己寫課程。包括參考各種書籍、其他學科的設計，比如德育、生命教育主題的課程，研究怎樣嵌入國民教育課程。針對低年級小朋友，我更多會教授簡單的中國歷史等一些基礎性內容；針對高年級小朋友，我會結合當今時事議題，先教思考方法，再將我們要講的知識融入具體事件，讓他們討論，請他們講不同的看法。

記者：十年過去，課程的內容有修改嗎？

施志勁：是需要不斷修改的。迄今為止我已經改了五次課程框架，將新出現的課題加進去，比如現在最新版本我有加入《香港國安法》相關內容；以前說要遵守規矩，現在說守法、法治；以前討論偉人的時候會說屈原、孔子，現在會加入當代的偉人，如有的班就選了袁隆平。我們的課題都是由班主任和我溝通，告訴我他們課堂上要講的內容，保證他們不講錯。

除了課本知識，我們還加入了參觀立法會等外出拓展的活動，疫情期間，我們就通過綫上互動的形式進行遠程參觀和了解。此外，疫情之前我們每年都會去內地的姊妹學校進行交流。回來後，很多學生對內地有了更新的印象、更深的感悟。

記者：2012 年前後，全港只有六七所學校開設了相關的課程，升國旗的學校也不多。現在「國民教育」已在全港推廣普及，我們也能在各中小學看到高高飄揚的五星紅旗。

施志勁：是的。我剛開始做德育及國民教育科的時候，只是覺得自己是中國人，有責任講這個課，但還沒有那麼強烈地想要推廣這個課程。但近幾年，尤其是 2019 年「修例風波」發生後，我的價值觀改變了很多。「修例風波」發生時，我看到國旗國徽被玷污、在學校周圍的花圍拾到螺絲刀、汽油彈之類的危險物品等，我感到特別心痛，忍不住想如何讓更多香港年輕一代認識自己的祖國，找到自己中國人的身份認同。試想一下，如果香港不好、國家

不好，我們每個人都不可能過得好。因此，我決定加入香港教育工作者聯會，一起發聲，也更積極教育學生們要服務社會，回饋社會，讓我們生活的家園更好。

事實上，現在國民教育在香港中小學校也得到越來越大的推廣，全港中小學校也升起了五星紅旗。

記者：學校的禮堂內有一支室內旗杆，是您特別訂製的嗎？

施志勁：學校原本只有天台那支真正的旗杆，但天台地方不平整，也沒有圍欄，上去升旗很危險，所以過去只有我和幾名男校工上天台升國旗。但我想讓學生每週都能參加升旗儀式，都能看到五星紅旗伴著國歌緩緩上升至旗杆頂端，這樣久而久之，孩子們更容易形成一種身份認同。

後來有一次接受媒體訪問時，我提到想要一支流動旗杆。報道刊發後，香港升旗隊總會贈送了學校這支流動旗杆。我們把它放在學校禮堂，即使受疫情影響，學生們也能在教室通過視頻直播，觀看升旗儀式。我自己也會繼續爬上天台同時升旗。

上天台升旗艱難嗎？當然難，但我要向學生示範：在艱難的環境，也能做出不平凡的事。

學做人比學知識更重要

溫情，是記者對鮮魚行學校最直接的感受。

施志勁所在的「校長辦公室」大門時常敞開，學生們可以直接走進他的辦公室，跟他訴說各種喜悅和煩惱，多數談話都是輕鬆、自然的。空閒時，施志勁還會翻開厚厚的記事本，記錄下每位學生的學習和生活變化。

訪問中，施志勁頻繁提及品德及價值觀教育。「成績我固然重視，但更重要的是品德教育。我告訴學生們要懂得服務社會，回饋社會。愛國聽起來是個很宏大的詞彙，但其實都是由日常的一言一行彙聚而成的。」他說。

記者：您加入鮮魚行學校多長時間了？

施志勁：我是 1996 年 10 月加入鮮魚行學校的，到現在已經 26 年了。

記者：這些年您在鮮魚行學校最大的收穫是什麼？

施志勁：其實我在工作態度、溝通、管理各方面都學到很多東西。我記得我剛來學校的時候，很勤奮，一直都沒有放過暑假。很多工作經驗不是我在日常課堂上學來的，就是在暑假期間做行政工作的時候慢慢積累的。我很感謝好的上司、好的環境讓我得到磨練。比如，2011 年準備推行德育及國民教育科的時候，我是副校長，主要處理學校對內的事務，梁校長非常信任我，給我很大自由，包括怎樣設計課程、培訓老師、與家長及校友溝通，以及怎樣面對反對的聲音等，我都要通盤考慮。正是有了各種鍛煉，我在 2015 年接任校長時，就比較能遊刃有餘地處理各種事項。

記者：在您心中，教育的初衷是什麼？

施志勁：我們的校訓就可以很好地詮釋：樸、誠、勇、毅。怎樣去理解這四個字呢？我剛做校長的時候，香港社會撕裂得很嚴重。我希望能在這種氛圍中找到一點共識，讓學生們能明確一些價值觀。我覺得每一個人在不同的崗位上，都可以為社會做出貢獻，要把平凡的事做得不平凡。

我固然重視成績，但是我更加重視品德。有的學生讀書成績未必很好，但他懂得孝順父母，懂得為社會服務；有的基層學生，可能經濟條件沒有那麼寬裕，但不代表他不能為社會做貢獻，這些都是教育的初心。

記者：您覺得鮮魚行學校最特別的地方在哪呢？

施志勁：應該是溫情和人情味。學校雖然不大，但我們覺得所有事都要為學生做得好一點。我們老師和學生的關係、和家長的關係都很緊密。因為我始終覺得我們不是一般的學校，我也不是一個高高在上的校長。學生有什麼需求，我都會儘量幫到他們。在課堂之外，我也會身體力行參加社會工作、公益服務，努力成為學生的榜樣。

記者：您對學校的未來還有怎樣的憧憬？

施志勁：我希望未來能有一間更大的校舍，能有個操場。在大操場可以豎立起真正的旗杆，不是現在這樣的一個流動旗杆。我覺得現在學生的活動空

間還不夠，特別是我有些 SEN（有特殊教育需要的）的學生，有大一點的環境能讓他們跑跑跳跳，對他們的成長學習是有益處的。我始終覺得，在操場上有國旗飄揚的感覺一定很好。

（本文首發於 2022 年 11 月 15 日）

港故事

1997—2022

香港回歸祖國25年25人訪談錄

「讓民眾更有獲得感幸福感，
才能使『一國兩制』行穩致遠。

梁振英

全國政協副主席
香港特區第四任行政長官

2012

從星斗市民到行政長官，梁振英坦露從政心跡

面對無端阻撓，再難也要堅持去做

◎ 陳晨　許曉鑫　李喬新

　　堅尼地道 28 號，中環半山山麓一棟歐式小樓靜靜立著，艷陽透著鬱蔥喬木的疏落，在黃白相間的外牆留下了婆娑秋意。

　　「這裡曾經是中英聯合聯絡小組的主要會議場地之一，擔當了見證香港回歸祖國的重要歷史角色。」全國政協副主席、香港特別行政區第四任行政長官梁振英選在這幢小樓接受記者專訪。他說，中共二十大報告為香港融入國家發展大局指明方向，在以中國式現代化全面推進中華民族偉大復興的進程中，港澳同胞可以發揮獨特作用，都有報國之門、用武之地。

　　百年小樓，恬靜如菊。它在完成使命後，如今已作香港特區前任行政長官辦公室。就像這裡辦公的主人，把自己的「繁華」交給了整個香港，除了留下一段不同尋常的記憶和矢志不渝的愛國心。

　　2012 年 7 月 1 日，全世界華人的目光再度聚焦香港會展中心。除了舉行慶祝香港回歸祖國 15 週年慶典外，還舉行了梁振英就任香港特區第四任行政長官的儀式。

　　「參與選舉是一個令人謙卑的過程，讓我認識到自己的不足，體會到社會的集體智慧，更清楚接受市民和傳媒監察的重要性。」聚光燈下，梁振英彼時面對的香港已回歸祖國 15 年，依舊繁榮穩定，但一些深層次的矛盾漸漸浮現，經濟社會也亟待發展新引擎，「我希望『穩中求變』，儘早解決住房、貧富懸殊等問題，切實回應市民的所想所需」。

● 全國政協副主席梁振英

回歸祖國 25 年，香港取得的發展成就有目共睹。在梁振英看來，正是在「一國兩制」和基本法的保障下，香港才擁有獨特的優勢，鞏固提升了國際金融、航運、貿易中心地位，確保了香港社會的繁榮與穩定。「二十大的召開和習近平總書記所作報告，將激發廣大港澳同胞與全國人民攜手奮進新征程的更大熱忱。」他說。

「一國兩制」在香港的成功實踐舉世公認

「回歸祖國 25 年來，香港在國家的支持下取得舉世矚目的發展成就，這充分說明『一國兩制』『港人治港』、高度自治的方針是科學的、可行的、有生

命力的。」梁振英說。

上世紀 80 年代，梁振英就參與香港回歸祖國籌備工作，親歷了香港基本法起草過程、回歸慶典的歷史性時刻，以及回歸後香港的快速發展。

「我至今仍清楚記得，當時許多香港市民問我，回歸以後到街上買早餐用什麼鈔票，是港幣還是人民幣？」1988 年，梁振英被選為香港基本法諮詢委員會秘書長，負責基本法徵求意見稿的諮詢工作，港元在回歸後的流通問題成為當時的一項重要議題。如今，港元和離岸人民幣這兩種幣值、發行制度及發行機構都不一樣的貨幣，共同創造了香港獨特而龐大的離岸人民幣市場，賦予香港在內地和國際之間獨特的「金融橋樑」地位。

「這就是其中一個實例。『一國兩制』在香港的成功實踐舉世公認。在中華民族實現偉大復興的歷史進程中，香港、澳門也必將作出更大貢獻。」在原是中英聯合聯絡小組的接待室內，特區區徽懸掛正中，梁振英身著深黑色西裝搭配斜條紋領帶，笑意滿盈，與記者展開了對談。

記者：今年是香港回國祖國 25 週年。黨的二十大報告提出，要全面準確推進「一國兩制」實踐，堅持「一國兩制」「港人治港」、高度自治的方針。您覺得這對香港未來的發展意味著什麼？

梁振英：在新時代十年取得偉大變革的基礎上，在世界之變、時代之變、歷史之變以前所未有的方式展開的大背景下，習近平總書記所作的報告闡述了過去五年的工作和新時代十年的偉大變革，指明了新時代新征程中國共產黨的使命任務，意義重大，影響深遠，同時也為香港融入國家發展大局指明方向。

報告明確指出，「一國兩制」是中國特色社會主義的偉大創舉，是香港、澳門回歸後保持長期繁榮穩定的最佳制度安排，必須長期堅持。

香港回歸祖國的 25 年是「一國兩制」取得舉世公認成功的 25 年。我們用數據説話：1997 年之前，香港的人均 GDP 低於英國。現在，我們的人均 GDP 高過英國 12%。2021 年，在聯合國開發計劃署發佈的人類發展指數報告中，香港排名全球第 4，新加坡排名 12，英國排名 13。所以，無論是社會

● 2012 年，梁振英當選為香港特別行政區第四任行政長官

發展也好，經濟發展也好，香港過去 25 年取得相當大的成功。當然，我們不能夠自滿，但更加不能妄自菲薄。香港進入由亂到治走向由治及興的新階段，堅守「一國兩制」對我們的未來發展至關重要。

　　記者：黨的二十大報告指出，支持香港、澳門更好融入國家發展大局，為實現中華民族偉大復興更好發揮作用。這就是要做好「融入國家發展大局」的大文章。

　　梁振英：我們在廣州建了一間南沙民心港人子弟學校。學校所在的「港式國際化社區」被納入到《南沙方案》（《廣州南沙深化面向世界的粵港澳全面合作總體方案》）的規劃中，就是要深化面向世界的粵港全面合作，不只是南沙與香港的合作，而是整個廣東省與香港的合作。因此，在這裡讀書的學生不僅可以更好了解到國家大政方針怎樣對香港人的發展提供助力，也可以多思考，作為香港人，我們怎樣將自己所學所長貢獻給國家，為實現中華民族偉大

復興出力。

二十大報告裡有一個相當重要的部分，與這所學校的使命有關，就是科教興國。學校會特別注重培養學生的創科思維，相信在創科領域發展將會是不少學生畢業後的選擇。學生除了考慮某個職業的前途、收入之外，也應該考慮怎樣貢獻國家的科技發展。

在推進中華民族從站起來、富起來到強起來的偉大飛躍中，港澳同胞從未缺席。在中華民族實現偉大復興的歷史進程中，香港、澳門也必將作出更大貢獻。

施政五年冀穩中求變
解深層次社會問題

黨的二十大報告提到，支持港澳破解經濟社會發展中的深層次矛盾和問題，這一點在香港社會同樣引起了廣泛關注。

對此，梁振英深有感觸。

「1997年，香港怎樣落實『一國兩制』的高度發展的社會，如何維持司法制度、經濟制度、貨幣制度等不變，前人沒有做過，我們心裡沒底，但是我們下了決心，迎難而上，終於做到，很多之前擔心出現的情況沒有出現，香港保住了安定繁榮。」梁振英說，「1997年後，我們也碰到了新的問題，政治、社會、經濟問題都有，但沒有好好地把握好機遇發展起來，使得我們社會累積了一些深層次矛盾，所以我決定出來跟700萬香港市民一起迎接挑戰。」

2012年，梁振英當選為香港特別行政區第四任行政長官。在宣誓就職後，他致辭：「我會全力以赴，實踐我的競選承諾，帶領香港『穩中求變』，發展經濟，改善民生，促進民主，建立更繁榮、更進步、更公義社會。」

5年過去，梁振英所帶領的特區政府在香港土地、房屋、扶貧、安老等方面付出了很大努力。

記者：2011 年 11 月 27 日，您發表了以《由心出發，穩中求變》為題的競選宣言，宣佈參加香港特別行政區第四任行政長官選舉。是什麼促使您作出這個決定？

梁振英：當時香港面對不少問題。有民生問題、有經濟發展的瓶頸問題，最重要的是香港管治理念的問題。比如政府同市場的關係，有人甚至說我們是「小政府大市場」，意思是即使市場運作出了問題，比如說土地供應不足、樓價高、房租高，但這些都是市場運作產生的現象，政府不應該插手，否則會有負面效果。另外，政府也不應該去催生某些事業或產業，比如文化、創科等等。

記者：您當時提出了一個「穩中求變」的理念。

梁振英：那時的香港，不變不行了。理念要變，思維要變，政府的角色要變。香港人經過港英政府統治，形成一個特點，就是大家同一個地方的關係就好像是住酒店一樣，沒有歸屬感。比如，隔壁酒店突然有送早餐，那我就立馬打包行李搬過去，但這是一個「家在香港」的概念，像是可以隨時搬家，所以它是一個「小家」的概念、地理的概念。所以，我提出一個「家是香港」的理念，這是一個「大家」的概念，是一個情感歸屬的概念，我們 700 多萬香港人就應該互相扶持、互相發展，而不只是一個純粹的地理關係。

更重要的是，當時很多香港人不重視國籍，一個人可以有兩本護照。護照對他們來說就像是信用卡，哪張有優惠，就用哪張。這是一個怪現象。那時候香港回歸十幾年了，我認為不能不改，不能不變。變的同時我們要穩，不能造成社會上的動盪，所以有四個字就是「穩中求變」。

記者：在 2012 年的就職典禮上，您說您是「懷著謙卑的心」就任行政長官。為什麼這樣說？

梁振英：當時香港一些深層次矛盾已經顯現，比如要解決香港住房問題，還要關注民生問題。所以我覺得我們在可能的範圍內，必須關注、及早解決這些問題。因此，我和管治團隊必須走入民眾，拉近特區政府和市民的地理距離和心理距離，虛心聆聽大家的建議和意見，才能切實回應市民的所想所需。讓民眾更有獲得感和幸福感，才能使「一國兩制」行穩致遠。

● 在香港特區前任行政長官辦公室，梁振英（左二）向記者講述施政五年的感受

記者：有媒體評價，您任內推動了土地房屋、扶貧養老、創新科技等方面的政策，造福長遠。您當時推動這些政策壓力很大吧。

梁振英：當時我們的選舉制度還沒有完善，一些「為反而反」的議員就在立法會利用議事規則去「拉布」、甚至有肢體衝突，阻礙政策的推進。比如，2012 年，我們向立法會提出成立創新及科技局、文化局，遭到反對派議員的無端阻撓，最終創新及科技局到 2015 年才正式組建，文化體育及旅遊局今年才得以組建。我記得有一次參加立法會答問的時候，一名立法會議員竟然直接向我扔過來一個玻璃杯，我躲了過去，整個玻璃杯都摔碎了。這都是一些匪夷所思的事。

記者：在 2019 年「修例風波」期間很多人都不敢發聲的情況下，您堅持為香港發聲。

梁振英：從我擔任行政長官到我卸任這幾年，香港一些反中亂港分子變本加厲，但你絕對不能夠怕他們，你越怕他越囂張。面對無端阻撓，我們必須要直斥其非而且不能夠容忍，即使再難也要堅持去做。我們這些人就應該有擔當，不能老是想做「太平官」。

記者：回看您的行政長官生涯，您覺得自己當初的競選承諾都兌現了嗎？

梁振英：擔任行政長官期間，我們每一年都會提出一個施政報告，告訴大家過去 12 個月特區政府做了什麼事，有哪些項目已經完成或者哪些項目已經取得階段性進展。我競選的承諾基本上都完成了，至於五年的成果如何，我想應該交由香港市民去評價。

由「不知道」轉為「知道」的工作才剛剛開始

2017 年 3 月，梁振英在全國政協十二屆五次會議上當選全國政協副主席。

新的身份，也意味著新的使命。從經濟社會發展到年輕人的上升空間，從鞏固香港國際金融中心地位到尋找科創突圍，從香港本土到粵港澳大灣區，梁振英持續為香港發展、國家發展鼓與呼。

尤其是對於香港如何融入國家發展大局，梁振英提出了「超級連絡人」的概念。

「香港是買全球、賣全球，但這不是轉口貿易，很多我們買賣的商品，不經過我們的港口、飛機場，都是在辦公樓裡頭完成的。」梁振英舉例，即使受疫情影響，最近幾個月香港貿易量又增長了，就是因為香港是連絡人，不是門戶、不是平台。

為了讓香港更好地發揮這個角色的作用，梁振英告訴記者，他過去一年有三成時間在內地，做的基本工作就是促進香港同內地的對接。「以前我們對

● 梁振英在廣州南沙

外國講，在香港我們可以跟你做什麼，現在同時要補上一句話：通過香港，你可以在中國內地做什麼，比如在廣州南沙做什麼，在海南島做什麼⋯⋯」

記者：據您觀察，您認為香港社會還存在哪些問題需要解決？

梁振英：香港 700 多萬人在同一個地方生活，但缺少集體意識。眾所周知，一個社會、一個國家，都要有自己的集體意識、集體利益。香港人國家觀念、社會觀念比較薄弱，這是歷史原因造成的。所以無論是房屋問題、經濟轉型問題還是青年問題，我們必須要用集體力量去做。我同另外 700 多萬人加在一起才是一個集體，有了集體意識才有一個集體力量或者公權力去解決問題。

記者：如果有機會的話，您願意進入課堂去為香港年輕人講解這些內容嗎？

梁振英：我很想為他們上課。過去幾十年，我會經常去一些學校，同一

些青少年朋友分享個人經驗。除了言傳，我也注重身教。舉例來說，南沙民心港人子弟學校是一個非營利的學校。為什麼我們這些人不拿任何工資，也沒有任何股份，還要去辦學？我們就是希望通過自己的行動，來培養他們的奉獻精神，希望青年人有「香港根、中國心、世界觀」，我想這也是香港未來的方向。

我還會講一些「硬」知識，比如香港基本法、香港國安法等，把它們與日常生活融會貫通，而不是讓學生去死記硬背那些法律條文。

我還要強調一點，我認為最關鍵是理念的變化。我堅持跟年輕人說「怎樣融入國家發展大局」，今年的一個數據就讓我感到欣慰。香港的 DSE 考試（相當於內地高考），其中有約 10% 的同學報考內地大學，也就意味著約 10% 的香港高中畢業生願意去內地讀書，這就是一個很好的融合。我相信，只要將這些理念講清楚，香港人是很聰明的，他們會選擇正確的道路。

記者：去年我們專訪您時，您提出內地與香港間最大的障礙是「互相不知道」。您覺得這一情況現在是否有改善？

梁振英：過去 5 年，我不停在內地城市跑，做很多交流溝通工作，由「不知道」轉為「知道」的工作才剛剛開始。比如，很多人可能知道南沙的地理位置以及一些大的政策方向，但具體到個人，有人想在南沙投資，具體投資哪些項目可能還不是很了解；有香港青年要去南沙工作，他可能也不是很清楚這個城市是否適合自己未來發展……所以，兩地溝通交流的工作要一個階段一個階段地去做，要久久為功地做下去。

現在的情況，就像大家都知道商店是賣家電的，可能你認識其中一些電器，但了解得並不全面。我們現在的工作，就是向顧客深入介紹每一件電器的功能。

記者：您認為該如何進一步發揚「獅子山精神」？對香港青年有何期許？

梁振英：首先，我們這一代其實就是奮鬥、拚搏出來的。我還記得小時候絕大多數同學家境都是很清貧的，我最好的衣服就是校服。我們就是在這樣的環境下拚出來的。

我最喜歡同青年朋友講的一句話是，我做過行政長官，現在是全國政協副主席，但如果任何一個青少年願意用他的生活和我換，我隨時換。為什麼

呢？因為作為新一代中國人，他們未來幾十年的發展空間，比我年輕時要好得多、大得多，我非常羨慕他們。所以，我希望這代年輕人，能夠立志做一個有志氣的、擁抱未來的中國人。

其次，我的人生有一定的累積之後，也奉獻社會，反饋社會。我卸任行政長官之後 5 年，一直在為香港社會做事、為國家做事。我不做任何商業方面的事，也不做任何投資。大家不需要猜測梁振英這麼熱衷在大灣區、在海南幫手，是不是他有某間公司的股票？他是不是在大灣區、在海南有地產？沒有。

我始終強調，每個人不僅是一個個體，也是集體一分子。我們最大的利益集體就是國家，因此我們要弘揚愛國的精神。對於我們這些公職人員來說，對國家、對香港要有奉獻犧牲的精神。

（本文首發於 2022 年 11 月 4 日）

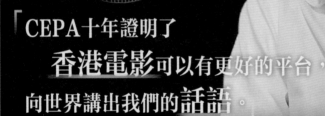

港故事 1997—2022

香港回歸祖國25年25人訪談錄

「CEPA十年證明了
香港電影可以有更好的平台，
向世界講出我們的**話語**。」

陳嘉上

香港導演、編劇
香港電影金像獎董事局前任主席

2013

香港導演陳嘉上談港產片北上十年

我們都是中國電影，
無需再分「港片」「合拍片」

◎ 陳彧　陳晨　許曉鑫

「我期待無須再區分『港產片』『合拍片』這樣的概念，我們都是中國電影。」香港今年的初冬格外清爽，光影錯落的土瓜灣辦公室內，知名導演、香港電影金像獎董事局前任主席陳嘉上穿著標誌性的簡單白襯衫，在接受記者專訪時，一如既往把對電影的熱愛流淌在每個字節間，一如他近四十年沉浸的光影世界。

2003 年《內地與香港關於建立更緊密經貿關係的安排》（CEPA）的簽訂，為香港很多產業打開了更加廣闊的空間。陳嘉上認為 CEPA 對香港電影的影響尤其如此，也為中國電影的整體水平提升提供了新的引擎。十年後的 2013 年，中國內地成為了僅次於北美的全球第二大電影市場，國產片票房前 30 名中，香港導演執導的影片佔了 14 部，近半壁江山。

「可以說在當年香港電影工業最低潮的時候，是 CEPA 救了香港電影。」這十年裡，陳嘉上在香港電影界首嚐「頭啖湯」，大膽起用內地演員綱擔主演拍出了《畫皮》《四大名捕》等系列「實驗性」作品，叫好又叫座，成為香港與內地影人融合歷程中的見證者和親歷者。

「我們用十年的時間去創新、摸門道、磨合，」陳嘉上說，不管投資方案是什麼，這就是中國電影，「沒有什麼比這個重要，它能有我們的態度，能向世界展現中國人的面貌，講好我們的話語。」

● 陳嘉上導演

● 在位於土瓜灣的辦公室，陳嘉上導演（右二）與記者回憶「北上」拍電影的經歷

早期香港導演北上並不是為了「發財」

陳嘉上出生於深圳，成長於香港。年少離鄉的加拿大求學經歷，讓他對中國人的身份一直有著特殊的情結。進入電影行業後，他從道具場務做到導演，並與老師徐克等人成為最早一批「北上」的香港導演。

電影《武狀元蘇乞兒》中的大決戰之前，伴隨著激昂的插曲《長路漫漫任我闖》，周星馳飾演的主角帶著夥伴從壯闊的長城上逐漸露出身影的畫面，成為很多人難忘的記憶。這也是陳嘉上為了紀念年少遊歷長城的經歷所拍。

「其實大部分早期北上發展的香港導演都不是為了『發財』，是愛國的心驅使我們『北上』。」陳嘉上說，正是這份愛國心，讓他堅持到內地拍攝美好山河，期待國家日益強大。

記者：您拍《武狀元蘇乞兒》用很多長城的鏡頭，有什麼淵源？

陳嘉上：我第一次去北京的時候是 1980 年，那時就去看了長城，那是我人生中最重要的旅程之一。當時我跟爸爸去北京，他談生意，我自己一個人四處走走。

那趟旅程讓我在當地認識了很多朋友。當時我背著相機在街上非常顯眼，大家對我都非常客氣，把我當成外賓去照顧。但我心裡其實並不好受，覺得我不應該是「外人」。

登上長城，我心裡想國家這麼好，為什麼還不能強起來？我心裡非常掙扎，但也從內地人身上看到希望。雖然當時的他們比較貧窮，城市文化也不發達，但非常樸素、非常善良。我爸爸問我去長城有什麼感受，我當時就說，如果我有一天可以在北京終老就好了。這是我們文化的集中地，這裡就代表著中國。

我拍《武狀元蘇乞兒》牽涉到各種宮廷元素，更加是非要到北京不可。那是我這個「番書仔」第一次執導古裝片。當時我對於中國文化的認識其實很淺薄，也很擔心拍不好。但我依然非常興奮，因為終於可以回到內地拍戲。

記者：所以您對香港的回歸是期待的？

陳嘉上：我從來都是期待的。1997 年 10 月 1 日凌晨，我專門來到天安

門廣場看升旗禮，要以中國人身份過第一個國慶。

其實大部分早期北上發展的香港導演都不是為了「發財」，與很多早期北上發展的香港商人一樣，是愛國的心驅使我們北上。

沒有 CEPA，香港電影工業會消失

1997 年亞洲金融危機後，投資的萎縮、周邊地區的競爭，讓香港電影由盛轉衰。陳嘉上一度十分憂慮。

沒想到五年之後，CEPA 協議帶來全新的十幾億內地市場：協議生效後，港產片將不再受到引進片限額的限制；香港和內地的合拍電影可以作為內地電影進行宣傳和放映。

政策放鬆、市場放開，帶來的是觀念創新、人員流動。

2008 年，陳嘉上拍攝《畫皮》，嘗試起用內地演員擔綱主演。新穎的題材，加上全新的演員陣容，讓《畫皮》起初並不被看好。但《畫皮》卻成功打開了市場，最終拿下 2.32 億元票房，居內地年度票房排行榜第三名。

記者：CEPA 的簽訂，對當時香港電影行業意味著什麼？

陳嘉上：其實商業電影是很難維持的。每個城市都拍電影，有自己的藝術電影、獨立電影，但要走商業電影的路就需要電影工業來維持量，例如生產量、回收量。早年香港電影擁有整個亞洲市場，但上世紀 90 年代經濟不景氣，加上周邊地區電影行業的起飛，香港電影少了接近 80% 的市場。在香港電影工業最低潮的時候，CEPA 給了我們開拓新市場的機會。

所以我認為，沒有 CEPA，香港電影業就會變成各種散兵游勇，香港電影不一定會消失，但是電影工業會消失。沒了電影工業，香港電影每年還能拍出多少戲？是 CEPA 救了我們。

記者：我們看到 CEPA 協議簽訂的十年後，中國內地成為了僅次於北美的全球第二大電影市場，而不管是內地票房還是香港本土票房，以及在金像獎

● 陳嘉上導演（左二）在電影拍攝現場

評選中，內地和香港的合拍片都佔了差不多半壁江山。

　　陳嘉上：我覺得這十年最重要的是一種探索、創新和磨合，它在探索香港電影能否在兩地都成功。其中，最大的起飛在 2008 年。那年我在內地拍了一部魔幻電影《畫皮》。很多合拍片找內地演員只是為了滿足 CEPA 的合拍片指標要求，不是因為角色需要。而《畫皮》最重要的探索就是以內地演員擔任主角。

　　我在《畫皮》用的那幾位內地演員，沒有一個人當時的票房超過 3000 萬元。我用他們就相當於找一群「票房毒藥」來拍投資額高達 5000 萬元的電影，很多人說我「是去送死」。但我相信，大家都是中國人，中國人不可能不喜歡看中國人拍的電影，中國人沒理由不喜歡看中國演員，問題在於能不能拍好而已。

　　《畫皮》一直到上映之前那刻都沒人看好，它的成功可以說是一場大意外，但卻打開了新世界：幫我找到了兩地合作的默契與欣喜，證明我的判斷是對的。其實電影業每次的大突破，都是一次元素的創新。

要有建立電影工業心態的人去做中國電影

「我早幾年就說過，資本會淹死劇本。我現在還是這樣說，用資本的概念去投資電影，會淹死中國電影。」陳嘉上是一個不喜歡重複的人，這讓他十分反對現在電影業資本對投資經驗的強調。

每一次的創新，對陳嘉上來說是一場賭博，在投資人眼裡是一場冒險。但陳嘉上希望用自己的例子說服投資人相信導演，不要讓資本綁死導演。

記者：所以您特別注重突破和創新？

陳嘉上：其實應該說觀眾非常期待突破、創新。他們不會告訴你說下一部電影想看什麼，正如大家都不看好《流浪地球》，但最後卻成為爆款。

我整天強調我是做研發、做開發的，沒有創新我就沒意義。所謂的新，就是題材的新，製作方法的新，概念的新，包括投資方式的新、演員的新。雖然我不一定能成功，但我願意去試。

比如，《畫皮》的質感在當時的香港是無法拍攝出來的，周迅、陳坤等人的演出對我來說是震撼的，第一次感受到這種長久電影演出訓練所產生的力量，而我也受到他們演出方法的刺激去打破以往的表達。可以說，《畫皮》的拍攝經歷和觀眾反應，是我放膽把整個人精力和工作重心轉入內地的最大原因。

記者：您覺得 2013 年說得上是中國電影甚至是「合拍片」輝煌的一年嗎？

陳嘉上：當時的成績是漂亮的。但我會越來越雲淡風輕地看所謂的港產片。香港是中國的一個城市。作為一個特區，香港可以做一些內地電影市場規則外，可以對外的不同類型的電影，僅僅是那麼簡單。所以，我很期待大家不再用「港產片」「合拍片」這樣的概念來區分電影，這些都僅是不同的投資方案，對我來說都是中國電影。我們拍電影都是為了展現中國人的面貌，擁有我們的態度、我們的理念，沒有什麼比這個重要。

之所以說好萊塢強，就是因為他們通過電影把他們的是非觀念、價值觀

● 維多利亞港星光大道

投放到世界年輕人身上。所以，如果我們不跟他們爭鬥，我們的話語權就沒有了。

　　記者：現在又過了近十年，您感覺怎樣？

　　陳嘉上：無論是硬件還是軟件，中國電影工業的發展真的超快。十幾年前，我們怎麼能想像到可以拍出《流浪地球》這樣的電影？我覺得我們很幸運，可以說走進了電影工業。

　　但現在寫「創新」這兩個字很難。所有的投資人、網上平台都看重投資經驗，即只能是成功過的人，投資人才不敢干涉他們。這種投資方式讓拍電影變成資本的運作，並不是創作。

　　我希望能夠找多些人，用產業的理念去思考中國電影，用市場與觀眾的關係來思考中國電影，我們需要有建立電影工業心態的人去做中國電影，而不是用投資經驗來扼殺它。

大灣區給予年輕電影人更多成功元素

近年來陳嘉上實踐的「大灣區電影」是《暴風》。為了拍好劇中的「秘密交通站」，他直接帶著劇組住到了汕頭，把當地傳統民俗文化融入影片，並臨時招聘當地人來當群演。

「這些都不是專業演員，拍攝過程當然很辛苦，但是能還原出潮汕方言的氛圍，感覺非常好。」陳嘉上也把《暴風》看成自己的另一場「賭」，一場為年輕電影人打開大灣區電影道路的「賭」。

記者：這兩年我們看到您開始在粵港澳大灣區內地城市拍一些電影，您覺得大灣區對於電影來說會意味著什麼？

陳嘉上：有兩個意義。粵港澳大灣區電影行業有很多年輕人，當他們還沒有經驗拍出可以跟世界分享的好電影時，可以多用些地域文化、語言的特點。比如《飯戲攻心》（內地名《還是覺得你最好》）就突出很多粵語的特點，也在內地獲得成功。因為大灣區有八千萬人口的市場讓年輕人去嘗試。

另一個意義是資源豐富。香港電影資金、人才、概念等資源不夠，外景選擇有限，拍攝成本也高。現在融入大灣區，市場仍然對口，但資源豐富了很多，大家可以在降低成本的情況下做出更好的東西。

《暴風》也是一場「賭」，有些投資人不看好，很害怕失敗。但我想讓投資人看到這條路可行。廣東、香港都有很多想做電影的年輕人，但是缺乏機會。我希望能夠搞活這塘水，因為年輕人是未來的希望。

記者：所以您很看好這些年輕人。

陳嘉上：近期我全程帶著一名年輕導演拍了一部網絡電影，我突然間感覺回到年輕時候拍港產片的那種艱辛、滿懷衝勁及享受。雖然十幾天下來每天日趕夜趕，連續拍十幾個小時，但是我看到希望，看到未來。我們雖然沒有好萊塢導演那些好機器、大明星，但在努力讓觀眾開心，讓觀眾喜歡，去跟觀眾進行對話。

無論是在香港或者是內地，我見到一大批很有衝勁、很有創意的年輕

人，但他們面對的是目前電影投資方式帶來的各種困難。所以我希望資本能相信電影人，否則的話，不要投資電影，去做任何其他產業都好一點。

記者：您對香港電影發展有什麼期許？

陳嘉上：我希望每樣東西都多點，多幾部《明日戰記》《飯戲攻心》這樣的新東西。因為只有百花齊放，才是觀眾最開心的時候。觀眾才可以每個星期到電影院，無論什麼心情，都可以找到一部想看的電影。

這次從內地回香港給我一個最大的鼓舞，就是看到香港的年輕電影人已經找到自己的新路。他們有不同的選擇，做自己想做的事情，觀眾都是買單的。好的電影會讓人有驚喜，但不要去重複，不要去追什麼主流，而要多想這個社會想跟我們對話什麼。這才是未來。

我相信，只要香港社會局面安定下來，大家平心靜氣往前走，香港電影沒有理由上不來，觀眾沒有理由不看我們自己的東西。

（本文首發於 2022 年 11 月 23 日）

港故事

香港回歸祖國25年25人訪談錄

1997
2022

「非法『佔中』
本質就是**打爛**香港法治。」

屈穎妍

資深媒體人、專欄作家

2014

香港 KOL 屈穎妍揭幕後組織如何教唆年輕人違法

非法「佔中」本質是打爛香港法治

◎ 陳彧　陳晨　許曉鑫

　　「非法『佔中』暴露了香港一系列深層次問題，在沒有得到有效解決的情況下，五年後又演變出更為激烈的『修例風波』。」小雪過後的香港乍暖還寒，在位於香港荃灣寧靜的家中，香港資深傳媒人、專欄作家屈穎妍在接受記者專訪時，一如既往地不避憂思，「所以大家千萬別以為事情過去了就沒事，我們發現了社會問題，不單單要講，還要大刀闊斧去改變，才不會再有下一次。」

　　2014 年 9 月 28 日凌晨，反中亂港分子戴耀廷等人在香港金鐘添美道發起集會並宣佈「『佔領中環』正式啟動」，金鐘、旺角等多條街道隨即被示威者佔據陷於癱瘓。長達 79 天的非法「佔中」行動由此爆發，香港法治、公共秩序、經濟發展和市民生活因此遭受重大衝擊和破壞。

　　當時已經離開媒體的屈穎妍，對社會出現「違法達義」的思想深感擔憂。她認為非法「佔中」並非所謂的自發活動，背後有很明顯的組織行為，而且本質就是在「打爛」香港的法治。那段時間裡，她每日筆耕不輟，希望把自己的觀察和思考分析給市民，去反駁反中亂港分子的謬論歪理。讓她感到惋惜的是，非法「佔中」的五年後，香港出現「修例風波」，深層次的問題再度爆發。

　　「我很高興看到現在有在改變」，屈穎妍始終相信直面並解決深層次問題的必要性，「只要我們願意去改變，主動融入粵港澳大灣區發展加上國家的支持，香港是沒得輸的。」

● 香港資深傳媒人、專欄作家屈穎妍

違法活動被營造成一場「浪漫的運動」

作為專欄作者，早年屈穎妍一直是關注教育親子話題，也寫了很多反映香港教育問題的文章。2012 年香港發生「反國教」的時候，屈穎妍甚至收到來自香港激進反對派組織「學民思潮」的恐嚇信，指責她沒有寫文章支持他們的「反國教」運動。

「我當時非常驚訝，原來不寫（不支持）也是『有罪』的。為什麼這個社會我不表態都不行？」屈穎妍非常反感這種風氣，便開始重新寫時事評論。到 2014 年非法「佔中」發生時，屈穎妍更是幾乎每天一篇來批評破壞社會秩序的示威者。

記者：現在回看 2014 年，非法「佔中」事件發生前您有察覺到香港社會上出現一些不太好的信號麼？

屈穎妍：其實事情的演變是有跡可循的，「反國教」運動前十幾年，香港社會上就有人在宣揚一些反國家、反政府、反中國共產黨的言論，並不斷滲透到包括教育在內的社會各個方面。

2012 年香港發生的「反國教」運動，就像是後來非法「佔中」的預演，背後策劃者為了達到目的，不斷地煽動年輕人。

我認為最恐怖的是，當時社會上一些人包括法律學者在內，都在宣揚四個字——違法達義，即只要你覺得目的「高尚」，站在所謂的「道德高地」上，你就可以犯法。社會上部分人也漠視「犯法」這個基本底綫，錯誤地認為這些年輕人是在追求理想。

我一直堅持一個觀點，就是不能犯法。追求理想不代表要犯法，而是有很多種合理合法的渠道。香港是一個法治社會，香港所有的成功都是建立在法治之上。但無論是「反國教」還是非法「佔中」，他們一直都是在犯法。非法「佔中」不僅癱瘓香港多個區的社會秩序，讓很多人的生活受影響，其本質就是在「打爛」香港的法治，而且這種「違法達義」思想的影響是延續到現在的。

所以當時為什麼我會出來支持警察，因為警察就是執法者，他們要守護法律、守護社會。

記者：當時您在現場有做一些觀察和記錄麼？

屈穎妍：有的，因為我也想知道這是一場什麼運動，為什麼有年輕人去參加？我去過很多個點，包括金鐘、灣仔、銅鑼灣等地方，我發現他們非常厲害，正把違法活動營造成一場「浪漫的運動」。

他們的帳篷非常新，而且款式、顏色都一樣；公共廁所有人打掃得非常乾淨，裡面放滿了各種化妝品，甚至有法國的高級護膚品；有的休息站裡有星巴克咖啡、依雲礦泉水；甚至有人在馬路中間種花，説要種下所謂「民主的種子」……

年輕人對這些東西是沒有抵抗力的。策劃者很會抓住他們的心理，去吸引年輕人出來參與這些活動。

記者：所以當您看到這些景象的時候，是否也發覺這不是簡單的學生自發活動？

屈穎妍：這不是簡單的學生、市民自發活動。明眼人都能看出來，正常的捐助物資不會這麼系統、這麼高價值。有經營戶外用品店的朋友告訴我，當時的香港戶外市場不大，普通一家店最多就存十個帳篷。但非法「佔中」僅中

● 工作中的屈穎妍

● 非法「佔中」期間，香港警察在雨中執勤　鄭爾奇攝於 2014 年

環一帶，就出現成千個一模一樣的帳篷。捐助者要去哪裡收集這些一模一樣的帳篷？又是怎麼運過來的？

我覺得這是明顯的組織行為，作為一名曾經的傳媒工作者，我有必要把這些分析告訴給大家，所以就開始寫文章。當時非法「佔中」的人也很懂得搶佔輿論高地，彷彿大聲、兇惡就是對的。所以很多人不敢去批評他們，一批評就會被攻擊，説你不支持學生、不支持下一代，給你扣一頂高帽。

正因如此，當時社會上的聲音幾乎一面倒。我覺得當人們多年以後再看回這段時間，如果只是看到戴耀廷、黃之鋒他們所説的事情，對這個事件的認識肯定是偏頗的，所以才用自己的筆來記錄，希望能給這個事件留下更多真實的角度。

當時我還在浸會大學教新聞，學校裡也很混亂，很多學生被煽動。我發現作為老師要去批評學生、批評學校，也有很多掣肘。所以我辭了職，以一個普通市民、一個媽媽的身份，告訴大家我所見到、我所看到的東西。

用黎智英的方法反擊「黎智英們」

香港中文大學畢業後，屈穎妍曾就職於《壹週刊》，並在上世紀 90 年代出任《壹週刊》副總編輯。對於黎智英這位前老闆，屈穎妍認為他對傳媒甚至整個社會帶來的負面影響是摧毀性的。

「譬如《蘋果日報》很多報道是在傳遞反國家思想，不斷醜化內地、抹黑政府，細水長流、潛移默化地去影響讀者、教化下一代。」屈穎妍坦言在《壹週刊》工作時，很多時候也被黎智英洗腦，直到她離開後接觸更多人事物以及信息，才發現這個世界不是他說的那樣。

也正因為《壹週刊》這段經歷，讓屈穎妍可以更加了解黎智英的「亂港套路」，並用黎智英講故事的方法來反擊他們的歪理，讓更多人能夠看清事實。

記者：從 2014 年開始，媒體、社交媒體影響越來越大，您如何看待媒體

對香港思潮的影響？

屈穎妍：其實我自己也做過媒體，有一段時間甚至在《壹週刊》工作過，當時的老闆就是黎智英。我也很明白他那一套，壹傳媒一直在慢慢改變香港人的價值觀。新聞本應有正反兩面，客觀持平，但黎智英要求記者把立場放到新聞報道中，幫讀者「思考」，向讀者傳遞價值觀，他慢慢地改變了香港傳媒的生態。

同時，媒體有一種社會教育的職能，黎智英的「取向」讓回歸之後的這代人不相信自己的政府，不認同自己的國家。

記者：會不會有很多人覺得奇怪，為什麼屈穎妍以前是《壹週刊》的，現在卻不是玩《壹週刊》這套？

屈穎妍：其實當時我在《壹週刊》任職，慢慢也看到這個媒體是有問題的，但能夠做的事情不多。當時我覺得這個社會是有問題的，教育也是有問題的，我想做好三個女兒的教育工作，所以辭職照顧家庭。

或許因為我比較早離開，看了其他的報紙、看了很多書，接觸了不同的信息，才會發現在壹傳媒裡工作也是一個被洗腦的過程。不能否認，黎智英非常厲害，他說話非常有吸引力，有「邪教教主」的那種蠱惑力。

我們在壹傳媒工作時都很信他說的話，也相信在所做的工作是在改變世界甚至拯救地球。但當我離開壹傳媒之後，看到更多的事情，認識更多的人，會發現這個世界不是他說的那樣。

在「反國教」、非法「佔中」事件中，我發現這是簡單的是非黑白的原則問題，因為犯法是沒有什麼可以爭辯的。所以，我覺得要站出來，因為我有能力寫，也有專欄、平台可以發表，最關鍵我是黎智英教出來的，我懂得如何用他的方法去對付回他。

記者：具體是一種怎樣的方法？

屈穎妍：黎智英一直對員工說，他沒讀書，不要跟他講複雜的道理。他的這個思路對我影響很大，當時我們在《壹週刊》的時候會用講故事的形式去報道新聞，更容易讓人入心。所以到了 2014 年，我寫文章的時候都用講故事的方式，去反擊他們的歪理，這也是我覺得我有能力對付他們的地方。

● 屈穎妍（左）與記者在荃灣街頭，憶述 2014 年非法「佔中」期間所見所聞

　　黎智英教過我們，如果你是第一個把想法放進別人腦袋裡的，你就贏了一半。因為別人要贏你就必須把你的想法先拿出來，再放自己的想法進去，相當於做多一重工夫。

　　所以我覺得我們要用簡單易明的故事，儘快把道理講出來。因為不夠快的話，黎智英他們的歪理就先入為主了。

融入大灣區發展及國家支持讓香港沒得輸

　　2014 年，非法「佔中」進行了 79 天後終於結束，屈穎妍雖然感覺舒了口氣，但卻並不認為事情就此終止。

　　「當時我們很多同聲同氣的朋友聚會時，也經常討論非法『佔中』暴露了香港教育、傳媒、社工、政府公務員等方面的問題，但大家討論完就散了，沒有人去嘗試改變這些問題。」屈穎妍說，所以當 2019 年「修例風波」爆發後，大家應該警惕並下定決心去改變，不能再對社會問題聽之任之。

　　新任香港特區行政長官李家超提出「同為香港開新篇」，近日，在其首份施政報告中就解決社會深層次矛盾提出了一系列富有針對性的措施。對此，屈

穎妍也期待更為大刀闊斧的改革。

記者：非法「佔中」79 天結束的時候，香港的社會面是怎樣的？

屈穎妍：其實我們一直都很擔憂。「反國教」運動結束兩年就出現非法「佔中」，雖然結束的時候大家都舒了口氣，但我覺得當時並不是一個結束，因為所有犯法的人都沒有得到法律的懲罰，只是被送走。這對社會是一個怎樣的教化？所以到 2016 年出現有暴力行為的「旺角暴動」，然後就有 2019 年更為嚴重和暴力升級的「修例風波」。

所以大家千萬別以為事情過去了就沒事，可以繼續過以前的日子。只要外國勢力、亂港分子沒有放棄在香港搞破壞的想法，依然可能會有新的事情發生。只不過現在有香港國安法，他們收斂了躲到「地氈底」，但不等於他們會放棄出來搞破壞。我們必須居安思危。因為從國際形勢就可以看出，西方有些人是不希望我們太平的，不希望我們國家崛起的。

非法「佔中」暴露了香港教育、傳媒、社工、政府公務員等方面的問題。從回歸到 2014 年之前，一代人的價值觀受影響出現了變化，有了很多負面的情緒，比如有些年輕人要躺平不要奮鬥，因為不論怎麼奮鬥都買不起房子。這種負面情緒不斷積聚，即使在非法「佔中」後也沒有得到解決。2019 年發生「修例風波」，暴徒的主力剛好就是 2014 年那批小孩升到中五、大學。

所以現在我們發現了社會問題，不單單要講，還要大刀闊斧去改變，才不會再有下一次。

記者：新任香港特區行政長官李家超提出要「同為香港開新篇」的口號，你看到改變嗎？

屈穎妍：我已經看到特區政府的積極行動，有人願意去改變，有心去改變，但目前還沒到大刀闊斧的程度。比如教育問題，不單是老師有問題，課程、制度也有問題。比如，如果只要求老師參加國安法考試、到內地交流培訓，但其他問題沒有改變的話還是一樣的結果。因為你改變不了那些老師的心態，他們還是會在暗地裡講個人主義、講反國家。

又如課程，無論是中學還是小學、幼兒園的課程，都應該向學生教導國

家觀念。國家觀念從何而來？你要先認識國家，小朋友可以從國家的英雄故事、歷史故事開始了解，從中國的地圖開始認識，認識了才能改變。如果只是純粹讓他們讀國安法、去幾次交流團，改變不了什麼。

記者：今年是香港回歸 25 週年，如您所說無論教育、社會都有很長一段路要走。那您對香港未來有什麼期待？

屈穎妍：香港經歷 2019 年「修例風波」，加上疫情暴發之後，很多人都很灰心，認為香港是不是被人追趕上了，未來何去何從？很多人說讓年輕人去內地發展，會有很多新的機會。我覺得還可以多宣傳的是，香港也是粵港澳大灣區的一分子，我們也可以吸引內地人來香港發展。

唯有大家真正把香港視為大灣區的一部分，才能發現更多機會，迎來輝煌的未來。如果大家還是只把這裡當成香港，那看到的東西永遠都是狹窄的。

我們要明白粵港澳大灣區是一體的，也是屬國家的一部分。能夠積極融入大灣區的發展，加上國家的支持，香港是沒得輸的。

（本文首發於 2022 年 12 月 2 日）

港故事

1997 2022

香港回歸祖國25年25人訪談錄

「希望更多**年輕人**能夠站出來，
把**建設香港**
作為自己的**人生目標**。」

陳穎欣

香港特區第七屆立法會議員

2015

第七屆立法會最年輕議員陳穎欣談青年參政議政

希望更多香港年輕人把建設香港作為人生目標

◎ 區小鳴　張治伊

「大家都記得我是立法會議員中最年輕的，我自然要代表青年去發聲。」近日，在新界葵青區的石籬村辦事處裡，陳穎欣接受記者專訪回應了外界對她「年資輕」的關切。

晴暖的陽光打在青春的臉龐上，32 歲的陳穎欣充滿自信，也不介意被坊間稱為「政界小花」，但她更希望自己能茁長成可以為大家遮風擋雨的「大樹」。

「政界小花」的稱謂，起源於 2015 年第五屆香港區議會選舉。當時年僅 25 歲的陳穎欣代表工聯會出戰，與時任立法會議員、謀求連任的「泛民」老將馮檢基對壘，最終以 99 票的優勢在深水埗麗閣選區勝出，當選區議員。

陳穎欣是一個縮影。

2015 年香港區議會選舉是香港政壇環境發生改變的一道分水嶺。多位深耕政壇多年的資深面孔被青年參選人擊敗，七十餘位候選人更是首次參選就獲得選民青睞，其中有 33 位當選人年齡在 30 歲以下。

青年參政群體的崛起，一方面為香港當時日趨沉悶的政壇環境注入清新空氣，另一方面也發出了需要更加重視、亟待解決青年議題的信號。遺憾的是，這樣的信號並未得到積極的回饋。

2019 年香港發生「修例風波」。為了讓世界了解到真實的香港，陳穎欣建立起自己的 Youtube 頻道，以評論時事的博主身份繼續「參政議政」，期間，

● 香港立法會議員陳穎欣

四度在聯合國會議上講述「修例風波」中的「黑暴」真相。

　　從 KOL 再到轉戰立法會選舉，陳穎欣笑著說，「我想展現給全世界知道，香港也有很多年輕人願意投入積極的、建設的力量，為社會作出貢獻。」

25 歲擊敗資深政客一戰成名

　　2014 年，24 歲的陳穎欣在連讀香港大學經濟金融和英國倫敦大學法律兩個學士學位後，並沒有進入人們預期的「高薪行業」，而是在香港較貧窮的深水埗地區擔任工聯會社區幹事。

　　從「金專」到「從政」，陳穎欣的同學大多感到意外，但她卻認為這是必然選擇。

　　「當我可以選擇的時候，我首先就是希望能夠直接為這個社會做點事情。」於是，從名校畢業的陳穎欣一轉身就「扎」到社區，通電梯、堵路洞、探訪劏房戶⋯⋯

2003 年，「民協」馮檢基首次當選區議員，陳穎欣 12 歲，已有隨父輩深入社區的經歷；2014 年，馮檢基忙著在立法會拉布無暇「落區」，她在區內默默為街坊噓寒問暖處理問題；2015 年，香港第五屆區議會選舉，25 歲的陳穎欣擊敗扎根深水埗多年的馮檢基，一戰成名。

記者：您什麼時候開始有社區工作經歷？

陳穎欣：我父親在海關工作，在香港回歸祖國前，就成立了香港紀律部隊裡的第一個愛國工會。在他的影響下，我很小就跟著他們去困難的社區探訪劏房戶的生活。到了大一點的時候就會加入義工隊伍，直接去幫助有需要的人。

記者：您 2014 年大學畢業後正式從事社區工作，有沒有特別難忘的經歷？

陳穎欣：深水埗很多舊式公共屋村通風照明比較差，很多老人家沒有能力，徹底清潔家裡衛生，於是滋生了很多木蝨。所以，當時我和義工們一起上樓，幫他們清潔浴室，除蟲去蝨，街坊們就給我起了個「蝨王欣」的綽號。有一對老人家，在我們幫忙捉完木蝨後，大家有了一個固定的聯繫，之後他們遇到什麼困難，都會聯繫我們。後來，他們其中一位在家中去世，另一位老人家第一時間給我們打了電話。在幫他處理完老伴的身後事，我特別唏噓和感觸。那種陪他們走到最後的感覺讓我印象很深，一些老問題如果長年得不到關注和解決，就會一直伴隨著這些街坊到老。

記者：這是您 2015 年參選區議會的原因？

陳穎欣：是的。我們看到這個社區有不少老大難問題，而我們的團隊有新的思維，新的處事作風，可以幫助街坊們解決這些問題。例如，舊式公共屋村有水壓不足的問題，一些頂層住戶經常因為水壓不足沒熱水供應。我們就把工聯會的渠道和資源橫向聯動，聯繫專業人士，量度屋村的水壓，做好數據收集，用數據向政府反映問題，令政府更快並且更有針對性地解決問題。

記者：當時您的競爭對手是在深水埗擔當了 12 年區議員的馮檢基，並最終打敗了這位政壇老將，您覺得您的勝算在哪裡？

陳穎欣：與對手相較，我們的優勢在於長時間扎根區內服務，更了解居

● 陳穎欣（右）與市民交流

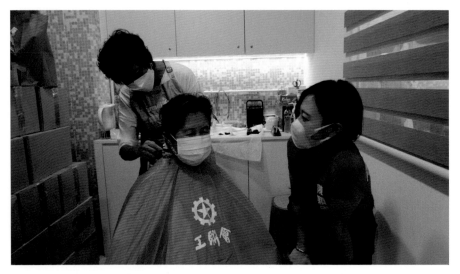

● 正在社區探訪的陳穎欣（右）

民的需要。對居民們的任何問題，我們也會運用年輕人的新思維，盡心盡力幫助解決，給街坊帶來了新的希望。

記者：我們留意到，在這一屆區議會選舉中也有許多像您這樣的青年議員嶄露頭角。您覺得這是否代表香港政壇當時颳起「青春旋風」？

陳穎欣：當時確實有很多年輕人出來參選，這表明越來越多的年輕人對社區的關心。年輕人可以更多參與社區，為社區發展提出意見，和大家一起攜手建設更好的社區，我認為這是件好事。也許很多人會覺得當時是一個悶局，需要打破，所以許多參選的年輕人也感受到街坊和選民的熱情支持，大家願意給年輕人機會，讓他們為理想奮鬥，也希望年輕人能帶來新的氣象。我很受鼓舞，覺得我們應該珍惜這樣的表達機會、服務機會和建設機會。

勇當 KOL
四度在聯合國發聲展現真實的香港

「現在有請中國聯合國協會代表。」2021 年 3 月 15 日，聯合國人權理事會第 46 屆會議邀請陳穎欣作為青年代表線上發言，主題是 2020 年 6 月 30 日落地生效的香港國安法。

這是陳穎欣第一次在聯合國正式會議上的亮相。短短 90 秒中，陳穎欣乾脆利落道出「修例風波」中的「黑暴」真相，以及香港國安法實施後香港社會得以恢復穩定的事實，有力回擊了西方媒體和政客的抹黑和中傷。

在這之前，向國際受眾發聲，已經成為陳穎欣的日常。

在 2019 年的「修例風波」當中，陳穎欣及其團隊受到了「黑暴」分子的謾罵、攻擊甚至死亡威脅，最終她在 2019 年區議會選舉中落敗。

「2019 年的經歷，讓我意識到光在線下做是不夠的，還要在線上說，去講自己的故事。」陳穎欣告訴記者，她「轉身」在 Youtube 上開設自己的頻道評論時事，是希望世界上更多的人能通過她的視頻，了解那些西方世界企圖抹去的真相。「我不僅要自己站出來，還要鼓勵更多愛國愛港的年輕人站出來，用

真相的力量去抗衡西方世界對祖國的抹黑。」

記者：2019 年您第二次參加區議會選舉爭取連任，當時的情形是怎樣的。

陳穎欣：由於堅持發表愛國愛港的政見，我和助選團隊屢次受到「黑暴」分子的謾罵、攻擊甚至死亡威脅。每次我們設置街站，都會被偷拍，我們的照片、地點會被發佈到「黑暴」平台上，「黑暴」分子就會來「招呼」我們。比如在我們的街站前遊行示威，毀壞我們的宣傳品和工聯會旗幟等，我是穿著防刺服，帶著滅火毯去街站的。

那時候，我爸爸這個資深「工聯人」第一時間站在我們的前面，不顧危險，甚至從「黑暴」分子手中搶回我們的旗幟。這個畫面令我更加堅定，只要我們做的事情是對的，就要堅持下去，而且沒有後退的餘地，因為我們的退縮將助長「黑暴」分子的囂張氣焰，也會使更多愛國愛港人士失去站出來的勇氣。雖然最終沒能成功連任，但我們問心無愧。

記者：落選後你為什麼會想到要在 Youtube 上開一個頻道？

陳穎欣：「修例風波」期間，我看到有「黑暴」分子通過網絡煽動民眾對祖國的仇恨，不少年輕人受到影響，喪失自主判斷的能力，也通過網絡來發泄情緒，加劇了網絡上的聲音一邊倒。這段經歷讓我們醒悟到，除了默默在社區服務外，也需要大聲地在網上平台做宣傳，讓更多人知道我們的理念，減少誤解與矛盾。因此，我建立了自己的 Youtube 頻道，同樣在網絡上，用短視頻的形式分析、講解香港社會的時事熱點，去平衡那些（抹黑香港和國家）聲音。

記者：如今您已經有 3 個賬號，擁有超過 30 萬「粉絲」，是名副其實的 KOL，在香港青年中有廣泛的影響力。有什麼成功秘笈？

陳穎欣：我其實是一邊學一邊做，包括用吃飯的時間一邊吃一邊找資料，用工餘的私人時間自己拍、自己剪等等，現在這些技巧越來越熟手。但我覺得更重要的是「勇氣」。即，不管面對多大的困難，哪怕現在也會有一些人在留言區惡意攻擊，我們都要説出真實的故事，真實的香港，真實的中國。他們越是不想我們講，我們就越是要把真相講出來。

記者：除了 Youtube 平台，您 2021 年在聯合國上的發言也讓很多香港人

● 陳穎欣（左）在葵青石籬邨探訪居民後與記者交流

認識了您，為您點讚。迄今為止，您在聯合國上發言了多少次？

陳穎欣：2021 年我參加過三次聯合國發言，有兩次是聯合國的正式會議，有一次是我們國家主辦的；今年 3 月也參加過一次。說實話，當我得知能有機會在去年 3 月中旬聯合國人權理事會舉辦的第 46 屆會議上發言時，心情是很複雜的，一方面覺得非常榮幸，另一方面又有點擔心，怕自己做得不夠好。因為我是要站出來為香港的大多數人發聲，要在 90 秒內讓西方世界知道，和平理性、愛國愛港的聲音才是香港社會的主流。這份責任很重。我第一時間就想起了因在聯合國上揭露「黑暴」真相被「黑暴」分子攻擊的伍淑清女士，於是以她為例子，證明香港國安法落地後，「黑暴」消失了，伍女士的財產權得到保證，我也無需因為說出真相而擔心自己的人身安全。

這幾次發言下來，我感覺是交出了滿意的答卷。我們就是要讓國際平台和西方世界知道，「黑暴」分子正正是傷害香港的人權和本身享有的自由和民主。

希望有更多香港年輕人站出來

2021 年 12 月 19 日，香港特區在完善選舉制度後，首次舉行立法會換屆選舉，陳穎欣以 62690 票當選，成為本屆立法會最年輕的議員。

在陳穎欣看來，正是完善後的選舉制度，讓她這樣的年輕人有機會在議事廳中發出自己的聲音。這與 2015 年她參選區議會選舉的情景有相似之處，但更多的是不同。相似的是，市民依舊求變，民生問題仍然亟待解決；不同的是，當下年輕人從政可以更有信心，不用再陷入政治的漩渦。

「香港正處於由治及興的關鍵時期，年輕人大有可為。」她說，希望香港年輕人把握機遇做時代的主人，共同努力去改變香港的沉痾痼疾。

記者：從 2015 年的區議會選舉到去年的立法會選舉，您覺得香港的政壇環境有什麼變化？

陳穎欣：去年與 2015 年有點相似，新臉孔參選都是希望打破一些悶局，而市民最終選擇的，也是希望真的能為香港帶來新氣象的議員。2015 年已經顯示出來，大家願意把希望帶給年輕人，只要夠努力，他們一樣有機會。去年，我作為年輕人能夠參選、當選新一屆立法會議員，可見完善選舉制度後選出的議會，更具廣泛代表性。

不同的是，新一屆立法會換屆選舉，標誌香港將進入議政新時代，民主和改變不再只是空洞的口號，而是讓一班愛國議政者可聚焦解決社會深層次矛盾，實現良政善治，更好體現以人民為中心、為人民謀福祉的初心。在立場上，我們都是愛國愛港者，這是毋容置疑的底綫；在政綱上，我與其他議員也許有不同意見，但會積極交流和思想碰撞，共同尋找解決香港深層次社會問題的方案。

記者：從區議員到立法會議員，身份發生了改變，您覺得工作內容有什麼變化？

陳穎欣：在政策實施上，區議會相當於一個諮詢組織，更注重同市民的溝通；在立法會的層面，我們能更有效推動政策，可以更大範圍地幫助市民。但一些工作的思路是會一直沿用的，比如「落區」，我不會因為當了立法會議

員就不去深入基層，相反，四年多的社區服務經驗讓我深刻明白，只有真正了解基層民眾的需求，才能代表他們說話，才能真正推動解決問題的政策的制定和實施。這一點，我不會改變。

另外，我也會堅持運營我的新媒體平台，不僅繼續講好香港故事、中國故事，也會向市民講好議會故事，讓議會工作變得更加透明，讓市民更加了解並願意參與其中。這也有助於我們聽到更多市民的聲音，從而讓相關工作更加「貼地」。

記者：作為一名立法會議員，您對自己有什麼要求？

陳穎欣：我要做一個「內外兼備」的議員，「對內」可以處理我們積累已久的民生問題；「對外」可以打好國際輿論這場仗。同時，我是立法會最年輕的議員，青年人也是我的重點關注群體之一。香港青年的發展與國家發展息息相關，我希望能幫助年輕人融入大灣區。年輕人是社會的持份者，大灣區蓬勃發展，年輕人一樣也會發展得好。

我也希望有更多香港年輕人站出來，走出我們自己的路，可以影響更多人，把建設香港作為自己的人生目標。

（本文首發於 2022 年 12 月 10 日）

港故事 1997—2022

香港回歸祖國25年25人訪談錄

HKEX
香港交易所

「深港通最核心的框架，
　是將清算和結算分開。
　這是一次創新性的嘗試，
　非常成功！」

李小加

香港交易所前行政總裁
滴灌通創始人

2016

港交所前行政總裁李小加詮釋深港通的真正意義

用 1 塊錢進出撬動 100 塊錢
開啟新的交易模式

◎ 陳晨　　張治伊　　許曉鑫

「香港與內地的互通有兩隻腳，『滬港通』是第一隻，『深港通』是第二隻。」近日，香港交易所前行政總裁、滴灌通創始人李小加在位於香港中環交易廣場 25 樓的新辦公室接受了記者獨家專訪，距離 2016 年 12 月深港通正式開通剛好 6 年，「很多人當時不理解，因為一開始它帶來的交易並不夠活躍，但深港通的歷史意義要放長到 5 至 10 年才會逐漸顯現，現在就看得很清楚了。」

中環，香港的金融心臟，一棟棟摩天大樓鱗次櫛比，香港交易所、中銀大廈、滙豐銀行大廈均彙集於此，不少國內外金融機構在此設立總部或分支。在這裡上演的一幕幕財富傳奇中，「中環」從某種意義上說也成為了香港的「地標」，彰顯了香港作為一個國際金融中心對國家、對世界無可替代的地位。6 歲的深港通恰是其中一個典範。

「深港通的真正意義是開啟了新的交易模式。」作為這一模式的重要推動者，李小加指出這一模式最核心的要素就是交收清算機制的創新，讓國際的錢找到中國的貨，讓中國的錢找到國際的貨，且雙方都不用修改交易制度。

在李小加看來，香港回歸祖國 25 年來，恰逢世界走向中國、中國走向世界的關鍵 25 年，香港這座「東方之珠」所扮演的角色從根本上並無改變，且十分重要。「香港是一個最具國際特色的中國市場，也是世界上最具中國特色

● 香港交易所前行政總裁、滴灌通創始人李小加

的世界市場。它發揮了一種雙重的功能，是有巨大中國元素但在國際規則中運作的一個市場。」在自己熟悉的「交易廣場」，離開港交所 2 年的李小加憑欄遠眺，始終對香港充滿信心。

最核心的框架就是將交易和清算分開

2016 年 12 月 5 日，深港通正式啟動，時任港交所行政總裁李小加在深港通開通儀式上表示，如果滬港通（2014 年啟動）是展開內地與香港互聯互通的第一步，深港通開通則為第二步，「我們推出的股票互聯互通機制，就是拉平中國與國際市場的『水位』，讓『淡水』與『海水』互聯互通的同時，又不會出現『大水漫灌』這樣的系統性風險。」

但這個想法在滬港通提出來的時候就遭到質疑：「兩地市場差異巨大，怎

麼可能直通」「兩地聯通，會不會抽走香港資金」……結果，兩年過去了，「滬港通的創新型模式使中國資本市場的雙向開放先在自己『家門口』實現」。於是，李小加又堅定地向前推進了深港通，使當時深證 8800 多隻股票通過深港通對國外投資者放開，香港 120 多隻股票對國內投資者開放，意義重大。

作為港交所第一任來自內地的 CEO，李小加非常清楚地看到香港金融市場過去繁榮發展與內地資本市場開放息息相關，港交所最大的機遇也是來源於內地進一步的改革開放、進一步的資本項下開放以及人民幣國際化。

記者：當初為什麼會想到要推出滬港通、深港通？

李小加：2000 年以後，內地與香港的金融人士都期待可以打通兩地市場，這是我們這一代金融人的一個夢想。

從 2012 年開始，港交所開始往這個方向努力。隨著中國經濟體量日益上升，成為全球供應鏈不可分割的一部分，愈來愈多外資想配置中國資產，也有愈來愈多中國投資者期望能夠投資海外。因此，聯通內地和香港資本市場的需求日益緊迫。但是，擺在我們面前有一個難題，就是國家對資本的管制，人民幣沒有實行自由兌換。

記者：外界起初也認為這是一個不可能的任務。

李小加：中國作為世界第二大經濟體、世界第二大資本市場，沒有理由完全和世界隔絕，而且也隔絕不了。中國的經濟和世界經濟深度掛鉤，主要供應鏈都在中國。所以，我們第一個嘗試就是在改革開放以後，將中國的「貨（上市公司）」拿到香港 H 股上市，然後再把「錢（投資者）」從香港拿回內地。這樣的話，就讓一部分世界的錢能夠進出中國。

到了新世紀，中國有了在全球配置資本的需求，所以我們就要採取一系列措施促進市場互聯互通。而股票互聯互通的模式，就讓中國和世界在資本市場上無法脫鉤了，結構上脫不開了，這個管道、系統緊密連接在一起了。

記者：但股票一旦互聯互通，就意味著資金的大進大出。

李小加：金融市場有交易和清算「兩條腿」，前者是價格的發現，後者是資金的交接。在交易方面，互聯互通的交易必須高度市場化。但一個真正市場

化、大規模的交易確實意味著資金的大進大出，將對國家資本管控產生巨大壓力。怎麼系統地、以風險可控的方式實現它呢？沒有藍圖。

經過長時間的思考探索，我和我的好朋友桂敏傑（時任上交所理事長）一起找到了一個辦法，就是淨量清算。

我記得，我們當時在深圳一個小茶館探討兩地交易所互連綫制的可能性。傳統概念中，市場交易和清算必不可分。大家一手交錢一手交貨，錢貨和交易連在一起。而我們探討的是：面對一個資本管控的環境，如果不把交易和清算擺在一起處理，行不行？結果，我們都幾乎同時想到「把清算做完後再給對方」。當時身邊沒有紙，我們拿起一張餐巾紙，將討論的結果寫了下來。

將交易和清算分開，是滬港通、深港通最核心的一個框架，也是一次可行性的突破。可惜後來找不到那張紙了，如果找到的話，我們還是很樂意收藏起來，是蠻有歷史紀念意義的一張紙。

記者：互聯互通確實是一個很大的創新，您提到的交收清算機制的創新，能以深港通為例，談談怎樣實現？

李小加：內地客戶每天買賣港股，但他們不直接和香港交易所結算，而是通過內地結算代表所有使用深港通的客戶來統一和港交所結算；同樣地，國際投資者購買 A 股也不直接和深圳證券交易所結算，而是由香港交易所代表所有通過深港通買賣 A 股的國際投資者統一和深交所結算。

打個比方，有點類似於每天收盤之後，深交所的總經理和港交所的總裁各扛一麻袋錢一麻袋貨，在一座大橋見面替兩邊的客戶一次交換，其他人都不用動，這樣就避免了資金頻繁出入境。這是一個封閉的渠道，國家也不會擔心熱錢外流。

記者：效果如何？

李小加：這麼多年來，滬港通、深港通整個交易量大概在幾十萬億，雙方對各自股市的市值持有量差不多在幾萬億，真正的過境資金，維持在幾千億的一個級別。我們在資本項下（指兩個資本市場之間發生的資本流出與流入的全部過程）不能夠大進大出的情況下，實際上只用 1 塊錢的進出，就撬動了 100 塊錢的交易，這就是滬港通、深港通的一個非常創新的一點。

這是世界上所有資本市場在互聯互通方面第一次做這樣的嘗試，應該說是非常成功的。

聯通靠香港，管理風險也要靠香港

滬港通、深港通、債券通一氣呵成，既是港交所的里程碑，也是李小加再出發的新起點。

推動內地與香港證券市場互聯互通、推動上市制度改革擁抱新經濟、收購倫敦金屬交易所擴大資產類別……從 2010 年 1 月 16 日正式搬入中環交易廣場 50 樓辦公室擔任港交所行政總裁至 2020 年底，李小加帶領港交所連續奔跑了 11 年，史無前例創下多項紀錄，更是由地區交易所成功轉型成為全球領先的金融基礎設施集團之一。

李小加擅長打比方。他最著名的比喻，是把自己比作「水利工程師」。在他看來，金融就是一汪水，在它流向需要的地方時，難免會受到各種阻滯，他的任務就是探索更順暢的制度，疏導堵點，讓金融之水順暢起來，吸引「活魚」，更關鍵的是「將中國市場與世界市場更加有效地連接在一起」。

記者：您認為 A 股和港股互聯互通後最大的作用是什麼？

李小加：在深港通、滬港通出現前，兩邊的資本市場就像是被淡水和海水之間被一面大玻璃擋著，兩邊的水位是不一樣的，這面大玻璃就是資本項下的管制。為了讓兩邊水位保持一樣，我們就要把這面玻璃拿掉。如果全拿掉，水就會大進大出，這在內地市場很難實現的。我們既要兩邊市場價格互相影響使得交易能夠真正形成市場化的水平，又不能讓錢大進大出，這要怎麼辦？

所以我們做的就是將這面玻璃牆，拉到海平面下五六米，你表面上看兩邊水位平了，但你拿個潛望鏡向水底下看去，五米以下直到海底，還是有這面玻璃牆在。這樣的話，我們就能通過交易實現價值，實現投資的目的，但是又不讓兩邊市場的存量資金大幅度流動，保證了互聯互通的高度市場化。

● 2016 年 12 月 5 日，深港通正式啟動

● 香港交易所

如此一來，內地資金越來越能和國際規則和國際發展接軌，國際投資者也越來越能理解中國市場。

記者：港交所之前公佈了一個數據，滬港通及深港通的成交量達到 64 萬億，您如何看待這樣的一個成績？未來還有哪些需要完善的地方？

李小加：我相信我們永遠在路上。從交易量、交易活躍和波動性等等方面來看，我覺得還有很長的路要走，還有很多的發展空間。

內地與香港兩個經濟體本身體量大，但兩地之間的交流還是停留在一個發展的初級階段。尤其是當內地還是一個資本項下管控的市場的時候，兩地的融合過程一定是逐步從一個受到比較高限制的向一個限制越來越少、規則越來越接近，並能夠互相承擔及接受風險的方向邁進。這是一個漫長的過程。

一方面，內地是個大市場，如果想要在世界舞台上分量越來越重，那麼就要逐步和國際市場的主體規則接軌，這為我們提供了一個發展的方向和動力。另一方面，中國是一個後發市場。後發市場有一個比較有利因素，就是我們採用新技術、新方法的速度有可能比別人快，而且我們的負擔可能也比別人輕。我們可以很容易地拋棄不好的東西，輕裝前行找到最新的發展發向。

記者：那您如何看待未來的機遇？

李小加：關注新的科技領域，比如說在區塊鏈、電子化交易等等方面。中國民眾比較習慣於新的支付體系，新的無現金社會。未來發展的方向可能是更大眾化的參與、一個更分散的市場，而不是完全通過機構參與。如果我們能夠抓住這種機會，能夠看準方向，我們就有一個後來者居上的可能性。

所以，中國作為一個大經濟體，最終我們的市場會走向世界，同時當我們掌握新的技術標準和基礎之後，世界也會走進中國。股票互聯互通是這個大趨勢的一小步。

記者：您曾經形容自己是金融水利工程師。那您認為，在中國與世界互聯互通這樣世界級的「水利工程」中，香港扮演了怎樣的角色？

李小加：剛才我們說了，中國與世界這兩大水系之間，既要聯通，但也要避免大進大出導致系統性風險發生。所以香港在這個水利工程中，就有一個特別的中樞地位：聯通靠香港，管理風險也要靠香港，這是一個非常重要的工作。

香港有鮮明特點：首先，內地市場和監管者信任香港，不會想把香港變成另外一個中國內地市場；其次，這裡保持著高度國際化，有著國際投資者熟悉的規則和氛圍。所以，香港的價值體現在，它是一個最國際化的中國市場，也是一個最中國化的國際市場。我們一定要珍惜香港市場的國際規則、國際氛圍、國際特色。

說「香港國際金融中心地位衰弱」是杞人憂天

「不再打工了，這個年紀想做一些自己的事。」2020 年 12 月 31 日，李小加正式卸任港交所集團行政總裁。按照合約，他正式約滿日期為 2021 年 10 月底。

不久後，這位「金融水利工程師」宣佈創業項目「滴灌通」，從名字到理念都來自於以色列農業的滴灌技術。瞄準「共同富裕」國策，滴灌通強調影響力投資，解決長期被傳統金融忽視的小微融資困局。

曾明確表示不會離開香港，不會離開中環的李小加，果然選擇了在他熟悉的交易廣場內繼續工作，雖然辦公室樓層比原來低了些，但他追夢、尋夢的高度卻從未降低，「我希望能夠利用我在香港交易所學到的『水利知識』，繼續為香港、為國家、為市場做點貢獻」。

一如書架上那隻足球和踢足球的前鋒「李小加」，永遠在轉、永遠在衝鋒，鮮衣怒馬。

記者：為什麼做滴貫通？理念是什麼？

李小加：滴灌通最核心的理念就是拆，把所有東西拆到最小單位。就像是搭積木，把積木做得越小，標準化就越高，你就可以通過搭積木做出房子、火車、輪船。同樣的道理，如果我們能夠把金融方面的事情拆得更細、更分散，那整個市場重組起來肯能就更加清晰。

今天的中國基本上是無現金社會，中國的中小微企業已經完全被數字化連在一起，他們每天的收入都是可以看得見的，不像以前大家誰也看不見誰。

所以，我們應該在微觀層面上，來解決一個錢和一個小企業發展路徑的問題。

滴貫通要做的事，就是要把像華爾街這樣的龐然大物，變成小支架、小細管，類似以色列的滴灌，在一個缺水的環境中，把資金精準地滴灌到小微企業裡面。

記者：有人認為您這是「自拆招牌」，甚至說您這樣做「救世主」是在象牙塔待太久了。

李小加：越是做傳統金融的人越不太容易理解滴灌通這樣的模式。事實上，投資小商小販是極具生命力的投資機會，收益完全來自實體經濟末梢，是支持勞動創業者帶動一批人共同富裕。

中國有差不多 7000 萬家小商小販，連鎖率大概 20%，也就是 1400 萬家店。但和歐美不同，中國沒有哪個品牌能夠把全國市場給佔了，每個小地方都有很多小品牌，我們就是把這些小品牌支撐大。傳統金融老想等企業長大了再投資，那樣就失去了對實體經濟中小商小販真正融資需求和現狀的理解。

我們通過把整個「水利工程」的渠道重新連接和優化，讓資金通過「水泵站」一級一級流下來，實現精準實時的「灌溉」，我們的交易就能變得更加順利且高效。我們不可能說把風險做到零，但很難做到虧。

幹了這麼多年金融，現在覺得，自己當下做的事是有社會價值的。

記者：近期我們聽到不少所謂香港國際金融中心地位衰弱的論調，您怎麼看這些聲音？

李小加：這都是杞人憂天，香港永遠都有很大用處，永遠都有很高價值。表面看，當中國與國際兩個市場高度一致、高度融合的時候，香港的相對功能好像會小一些，但仍有大量生意在這個地方形成。因為兩個市場再想融合，總會有不同。全球投資者只要對中國有興趣，香港就是他們的出發地，也可能成為目的地。

目前，中國和國際（歐美）兩個市場因為地緣政治等因素走得遠了，好像要脫鈎的時候，香港的相對功能會更重要。因為，中國要想進入國際社會，繼續和國際社會保持一定的互動，離不開香港；反過來看，國際市場就更離不開香港。

所以，香港要清晰看到自身的定位：當兩個世界高度融合的時候，能不

● 在位於中環廣場的辦公室，李小加（中）與記者分享擔任港交所行政
  總裁期間的故事

能在中間保持自己最大的特色？當兩個世界高度分離的時候，能不能保證兩邊
不要徹底脫鈎？當兩邊很近的時候，鈎子中間的橡皮不會拉扯得很大，會比較
鬆快，大家都很輕鬆，做事很容易，香港本身的利益會非常大；當兩邊距離較
遠的時候，香港的力量更重要了，要保證連接不能斷，把雙方都拉在一起。所
以從這個角度來講，雙方都不希望香港的地位受到損害或者破裂。

幾十年來，香港就是在這兩者之間來來回回、上上下下的變化而已。所
以，我一點都不擔心香港的未來。

記者：您對香港未來發展有何憧憬？

李小加：在過去，政府各種監管制度、大型金融機構、專業人士幫助我們
維繫信用機制，而實體貨幣則是信用的載體，市民則利用實體貨幣交易；可是

在未來，調控資金的權力不會再集中在大型機構中，金融利益會十分分散。目前，中國已經高度數字化，其最大特點就是「無現金」。「分散式投資」很可能只有中國才能做成。如果做成，那一定是革命性的，中國有可能擔當領導世界金融秩序的角色，其中，香港任重道遠。國際市場可以通過香港這個窗口，看到資本能在中國實體經濟的深土中健康增長，想要投資中國的時候，香港就將成為一個走入新型經濟，走入新型投資，走入新型金融基礎設施的通道。

記者：您在香港生活了 20 多年，香港哪些地方吸引您？

李小加：香港是一個開放型的社會，有著開放型的市場，中國發展的大好機會都能在這裡獲取。它是中國走向世界、世界走進中國的最不可或缺的一個核心的連接器、轉換器。

在這裡，每個人作為一個個體，都有自己的主觀能動性。大家能夠通過自己的努力，通過自己的才智和洞見，去做出一些成績。在這個市場裡，群眾是英雄。

（本文首發於 2022 年 12 月 14 日）

港故事 1997 2022

香港回歸祖國25年25人訪談錄

「我始終相信
在『一國兩制』的獨特優勢下，
香港一定可以再創輝煌。」

林鄭月娥

香港特區第五任行政長官

2017

香港特區第五任行政長官林鄭月娥離任後首訴履職心路歷程

始終相信在「一國兩制」下，香港一定能再創輝煌

◎ 陳晨　許曉鑫

「中共二十大報告再次明確了『一國兩制』是香港和澳門回歸後『保持長期繁榮穩定的最佳制度安排，必須長期堅持』，我覺得這為香港提供了最大的信心保證。」近日，香港特區第五任行政長官林鄭月娥在位於金鐘太古廣場的新辦公室接受了記者獨家專訪，這也是她卸任後首次接受媒體採訪。

金鐘，位於灣仔以西、中環以東，一邊是政府總部、立法會綜合大樓、高等法院林立，一邊是銀行、寫字樓和奢侈品牌彙集，形成了香港的政治中心及核心商業區，是香港活力與繁榮的有力證明，也是向世界彰顯「一國兩制」成功的中國名片。

2017 年 7 月 1 日，麗日和風，維多利亞港波光粼粼，香港特區迎來了自己的「成年禮」。9 時整，慶祝香港回歸祖國 20 週年大會暨香港特別行政區第五屆政府就職典禮在維港之畔的香港會展中心舉行。林鄭月娥宣誓就任香港特區第五任行政長官。

致辭中，她自信篤定：「此刻我懷著謙卑的心情，接受我人生中的最大榮耀，並準備好應對我公務生涯中的最大挑戰。」

儘管早有準備，但兩年後的「修例風波」仍然令林鄭月娥始料未及。「沒

● 香港特區第五任行政長官
林鄭月娥

想到甚至出現了危害國家安全，挑戰政權的極其嚴峻局面。」她說，「但既然我承諾為香港這艘船護航，我就不會逃跑。」

「希望是一個社會向前的動力，而信心就是希望的基礎。我始終相信在『一國兩制』的獨特優勢下，只要我們認準方向，團結一致，香港一定可以再創輝煌。」

2022 年 6 月 30 日，這位香港回歸祖國以來首位女性行政長官任期結束，與丈夫一起搬離禮賓府，從政府的「熱廚房」回歸到家庭的「熱廚房」，鮮再出現於公眾視野。至於坊間對她「下一步什麼崗位」「香港沒有房產住哪裡」「資產被美國制裁怎麼辦」的討論，林鄭月娥往往一笑而過，極少回應，專心致志地做回「林太」。

● 2017 年 7 月 1 日，林鄭月娥在香港會議展覽中心舉行的香港特別行政區第五屆政府就職典禮上致辭

「感謝南方報業傳媒集團的邀請，尤其這系列採訪是慶祝香港回歸祖國 25 週年，很有意義。」以靈動的藍瓷絲巾搭配一襲藏藍色長裙，卸下「特首」重擔的林鄭月娥比一年前接受南方報業專訪時明顯輕快很多，她笑著說，「我退下來已經三個多月，這次是第一次接受傳媒訪問，可能有些生疏。」

「50 年不變、51 年就變」的擔憂一掃而空

「中共二十大報告在總結『一國兩制』在香港的實踐經驗等基礎上，明確指出『一國兩制』是中國特色社會主義的偉大創舉，相信這會在香港本地及國際社會產生積極作用。」林鄭月娥說，二十大報告在第一部分將香港實現由亂到治的重大轉折與抗擊新冠疫情等挑戰並列，既體現了中央對香港的重視，又說明中央在「修例風波」後撥亂反正的舉措對香港和國家均具重大意義，是「一國兩制」發展史上的里程碑。

林鄭月娥 1980 年加入香港公務員隊伍，其後於多個部門工作，尤其是 1996 年出任副庫務司，負責向各方解釋由中英雙方共同編制的「過渡預算案」，切身經歷了香港回歸祖國的全過程。

「以前我們講得比較多的是，『一國兩制』是一個解決歷史遺留問題的最好方案，但現在看，『一國兩制』是一個既符合國家及香港發展根本利益，又可以保證香港長期繁榮穩定的最佳制度。」在 40 多年的工作中，林鄭月娥對「一國兩制」在香港的實踐、發展有著深刻的體會，「就像習近平主席曾說的『一國』是根，根深才能葉茂；『一國』是本，本固才能枝榮。」

記者：黨的二十大報告強調，「一國兩制」是中國特色社會主義的偉大創舉，必須長期堅持。您如何理解？

林鄭月娥：「一國兩制」是前無古人的創舉，它在香港的成功實踐，已取得全世界公認的成績。習近平主席在今年「七一」講話中強調，「『一國兩制』是經過實踐反覆檢驗了的，符合國家、民族根本利益，符合香港、澳門根本利益，得到 14 億多祖國人民鼎力支持，得到香港、澳門居民一致擁護，也得到

● 2022 年 1 月 3 日，中華人民共和國國徽下，香港特區第七屆立法會 90 名
議員在時任特區行政長官林鄭月娥監誓下，完成了他們的莊嚴宣誓

國際社會普遍贊同。這樣的好制度，沒有任何理由改變，必須長期堅持！」這就將一些人所謂「50 年不變、51 年就變」的擔憂一掃而空。二十大報告中也再次強調了這一信息，我覺得這為香港發展提供了最大的信心保證。所以，既有制度的保證，又有信心的保證，再加上講這句話並作出保證的是一個有制度優勢且奮鬥了一百多年的中國共產黨，我覺得更加有説服力。

記者：您有著 42 年的公務生涯，您認為「一國兩制」在香港的「實踐」是如何推進的？

林鄭月娥：香港回歸祖國的 25 年，是「一國兩制」從創造性構想變成生動現實的 25 年。在「一國兩制」之下，香港原有資本主義制度和生活方式保持不變，法律基本不變，香港自身特色和優勢得以保持，香港居民享有比歷史上任何時候都更廣泛的民主權利和自由。這期間，「一國兩制」在香港的實踐，就像一棵幼苗在風雨中茁壯成長，結出纍纍碩果。

不可否認，「一國兩制」是一個開創性的事業，是前無古人且無先例可循的事業，因此在實踐的過程中，就會出現新情況、新問題，我（任職特首）這五年就出現了很多新問題。第一，香港仍未為基本法第 23 條立法，維護國家主權安全的制度仍未完善；第二，香港對國家歷史、民族文化的教育需要加強；第三，凡是遇到一些政治及法律的問題，香港社會很難達到一個共識；第四，香港經濟面臨巨大挑戰，特別是傳統優勢被削弱、新興產業又未冒起；第五，土地住房問題是一個深層次的民生問題。

但是再困難、再棘手的情況，我始終相信在「一國兩制」的獨特優勢下，只要我們認準方向，團結一致，香港一定可以再創輝煌。

事實也的確如此。從頒佈實施香港國安法到完善選舉制度，這一套「組合拳」下來，香港社會也開始明白並接受中央對香港特別行政區有全面管治權。唯有將全面管治權同「一國」的概念堅固下來，我們才能有效行使高度自治權並發揮「兩制」的獨特優勢。

所以我認為，過去這五年也是香港深度探索「一國兩制」實踐的過程。

止暴制亂，「中央支持是最重要力量來源」

2018 年 2 月，香港居民陳同佳涉嫌在台灣殺害女友後潛逃回港。因港台之間沒有簽訂刑事司法協助安排和移交逃犯協議，陳無法被移交至案發地台灣受審。為維護法治與公義，堵住法律漏洞，香港特區政府提出修訂《逃犯條例》和《刑事事宜相互法律協助條例》。

然而，香港反對派和激進勢力「盯」上了這個機會，自 2019 年 6 月起推動各種激進抗爭。在特區政府多次表示修例工作已徹底停止後，他們繼續以「反修例」為幌子，變本加厲策動暴力且不斷升級，挑戰國家主權和「一國兩制」原則底綫。

香港，陷入了回歸以來最為嚴峻的困局。

「我仍然相信，當日去履行一個國際義務並防止香港變為逃犯天堂的決定是正確的。」回想那段至暗時刻，林鄭月娥神情嚴肅，「但在那個時間、那些負面因素之下，則爆發了那一場風暴。」

面對重大風險挑戰，2020 年 5 月 28 日，第十三屆全國人民代表大會第三次會議通過《關於建立健全香港特別行政區維護國家安全的法律制度和執行機制的決定》，授權全國人大常委會就此制定相關法律。6 月 30 日，全國人大常委會通過香港國安法，當晚 11 時，特區政府宣佈《中華人民共和國香港特別行政區維護國家安全法》即日刊憲生效。

「香港國安法的制定實施，對香港迅速止暴制亂、恢復正常社會秩序、實現由亂到治的歷史性轉折發揮了關鍵作用。」作為最前綫的「指揮官」，林鄭月娥認為，這是「一國兩制」事業發展的重要里程碑，也使香港曙光漸現，社會逐步重回正軌。

記者：您宣誓就任特首時說過「準備好應對公務生涯中的最大挑戰」，但有預料過會遇到 2019 年的這場風波嗎？

林鄭月娥：沒有。但是現在回想起來，這場衝突可能無可避免。因為當時我們沒有建立起維護國家安全的制度，國民教育也沒有做好，再加上有外部

勢力干預香港事務。此外，在立法會內仍有不少反中亂港人士，他們反對特區政府，不願意配合香港融入國家發展大局，甚至有部分議員要求外國制裁香港，破壞香港的政治制度。這麼多負面的元素加在一起，一場比較激烈的鬥爭或者矛盾可能是無法避免。

但我仍然相信，當日進行修例去履行一個國際義務並防止香港變為逃犯天堂的決定是正確的。只是在那個時間、那些負面因素之下，爆發了那一場風暴。

記者：當時有不少聲音質疑、批評您。您會不會覺得自己不被理解，特別委屈，甚至也懷疑自己？您怎樣堅持下去？

林鄭月娥：在那樣嚴峻的場面中，我遭受質疑是無可避免的，有很多人動搖也是可以理解的。就連一些平日支持政府的人都開始質疑政府究竟有沒有辦法可以止暴制亂，更不用說激進人士如何落井下石。社會大眾也受到社會媒體的影響，包括在學校中都出現了混亂局面。我相信對於每一個政府的首長或者領導來說，都需要面對這樣的局面。因為無論你聽了多少意見、做了多少評估，但最終做決定的，是你。所以，有時也是會有打擊的。

我知道這不是一個簡單的社會事件，已經上升至危害國家安全的局面。大家看到我比較堅定，不隨波逐流去做一些當時激進派、反對派要求我做的事，那是因為我有中央的支持。這是最重要的力量來源。中央的支持讓我明白：「你不用怕，中央永遠都是香港最堅強的後盾。」

一是中央信任我。當時很多情況，需要立即做決定，根本沒時間再去寫報告彙報。在面對各種困難時，如果中央整天都懷疑你行不行、懷疑你是否忠誠、懷疑你是否有能力，那我肯定沒辦法做工作。來自中央的信任，給了我堅強的信心。

二是中央的主導。有些事僅靠特區政府的能力無法處理。按照憲法和香港基本法，全國人大及其常委會有權幫助特區解決自己解決不了的問題。

三是中央的關懷。甚至有中央官員會擔心，問我會不會睡得不好。其實，我是不會失眠的。

所以，有了中央的信任、主導和關懷等等支持，我們才挺過這麼難的局面。

● 在香港特區前任行政長官辦公室,林鄭月娥(中)向記者分享擔任行政
長官期間的感受

「『北部都會區計劃』是為連任，他們看錯我了」

42 年的公務生涯中，林鄭月娥在多個政府部門工作，其間處理過多項包括重置皇后碼頭、馬頭圍道唐樓倒塌事件等事件。特別在重置皇后碼頭一事上，大批保育人士「佔據」皇后碼頭，林鄭月娥毫無畏懼，單人匹馬與保育人士展開舌戰，從此「硬淨」「好打得（粵語，意為：有擔當、善於鬥爭）」之名不脛而走，硬朗的形象深入民心。

2017 年 1 月 12 日，林鄭月娥正式向時任行政長官梁振英請辭，並宣佈參選特首。競選期間，林鄭月娥在社交媒體開通的網頁上寫道：「我和團隊選擇以『同行 WE CONNECT』為競選主題，因為我們與大家一樣，一樣熱愛這片土地，面對挑戰，我們必須團結起來，同行向前。」

2017 年 3 月 26 日，林鄭月娥當選香港特區第五任行政長官人選，但沒能料到到來的卻是驚濤駭浪的五年。

修例風波、新冠疫情，五年來，香港一度風雨飄搖，林鄭月娥的施政之路也荊棘滿途。

記者：作為香港首任女性特首，當面對各種危機時，您覺得性別有什麼影響嗎？

林鄭月娥：性別對我沒有大的影響。我從來都不會因為我是女性行政長官，而產生特別的思維和行為。唯一不同，我有女性的衣著（笑）。我當行政長官的時候，比較著重衣著，經常會穿旗袍。現在卸任後，我會比較輕鬆。

至於做決策，我也不覺得男性與女性有什麼分別。反而，我個人的風格是比較堅持原則、注重執行，並且很看重細節，所以很多人說我是 hands on（事必躬親）。這是事實。我覺得要做重大政策，必須了解細節。所以，我覺得作為女性行政長官，並不是一個特別的難題。

記者：您為什麼會提出「同行」的競選口號？五年來的落實情況如何？

林鄭月娥：2017 年之前，香港出現了一些社會撕裂，在一些政治、法律等問題上無法達成共識，好多事都做不成。要做成事必須團結大家走在一起，

為共同的目標「同行」向前。

就任行政長官後，我盡了最大努力，嘗試與政府意見不一致的政黨、組織聯繫、交流、溝通。我也認識到，「同行」的前提是共同的基礎、共同的理念、共同的思想。這個基礎必然是「一國兩制」，宗旨是「一國」為本。從這個角度講，我這五年做的工作就是儘量統一準確貫徹「一國兩制」的思想。但有一小部分人士，根本就不接受「一國」，甚至有野心推翻政權，這些人難以成為「同行」夥伴。我任內也有很多事件發生，所以難以完全落實這項工作。

記者：您在任內提出了兩大藍圖去解決香港長遠發展的瓶頸，一個是「明日大嶼」計劃，一個是「北部都會區」計劃。但後者在 2021 年才提出來，會不會太晚？

林鄭月娥：有人曾説，我是為了連任才部署這個計劃，他們看錯我了。第一，「北部都會區」是比較長遠的發展計劃；第二，需要一個良好的政治環境，才能提出這樣的計劃。

我在 2018 年 10 月就提出了「明日大嶼」計劃，但由於當時的政治爭拗導致立法會無法達成共識，單單一個人工島填海項目的研究，我們就花了 20 個月的時間，才在立法會申請到撥款。可以想像，如果早兩年提出「北部都會區」，可能也會遭遇同樣的命運。因此，在香港國安法頒佈實施及落實「愛國者治港」後，2021 年 10 月，我認為是最適當的時候了，就推出了「北部都會區」計劃。

記者：2017 年 7 月 1 日，《深化粵港澳合作 推進大灣區建設框架協議》簽署，標誌著粵港澳大灣區建設的正式啟動。您如何評價這五年來大灣區的發展？

林鄭月娥：我們與粵港澳大灣區其他城市的合作是十分愉快的。廣東與香港唇齒相依，粵港合作源遠流長，其中，港深更是演繹了世界獨一無二的「雙城故事」。香港在普通法的應用、金融制度等方面的獨特優勢，能提升大灣區的發展質量，大家能優勢互補，成果共享。國家「十四五」規劃為香港明確了「八大中心」的新定位，就是希望更好發揮香港的優勢，服務粵港澳大灣區。

記者：您認為粵港澳大灣區如何進一步融合發展？

林鄭月娥：作為一個綜合經濟體，如果要發展得好，就一定要做到人流、物流、資金流、信息流的流通，就像一個人的血管如果不流通，在某處塞住，肯定不會健康。

這幾年我們已經打通了稅務、藥械通等脈絡，但還有很多方面需要打通，如果能夠短期內實現，未來五年將會是一個很關鍵的發展期，不僅能幫助粵港澳大灣區 11 個城市發展，還能幫助國家高質量發展，對整個亞洲都有很大影響。

想向內地、香港及台灣人民宣傳「一國兩制」實踐

「無可否認，我擔任行政長官這五年是香港、也是我個人最多挑戰、非常不尋常的五年。」原本預計 45 分鐘結束的訪問，最終超過了 1 小時。與一年前率團參加廣交會，在廣州接受南方報業傳媒集團獨家專訪相比，林鄭月娥輕鬆了很多，更真情流露地談到家人、朋友的支持。

「什麼力量使我堅持走下去？第一，中央的支持；第二，個人的堅強；第三，家人的信任和關懷。」林鄭月娥頓了頓，吸了一口氣，「我的家人、還有好朋友，他們不知道我在做什麼，但依然會在背後默默支持我。」

卸任行政長官後，林鄭月娥一度消失在公眾視野，鮮有出席公開場合。直至 8 月底，一段她在灣仔街市採購食材的視頻登上社交網絡熱門話題。

「結束 42 年公務生涯後，有另一個角色等著我去進入，這個就是家庭主婦。我希望做一個普通人，做回我丈夫的太太，兩個孩子的媽媽。」透過幾近落地的大玻璃窗，見證了許多風雨挑戰的金鐘道又重新活絡起來，車水馬龍。

窗內的林太，一臉粲然。

記者：您當初「建設更美好的香港」的承諾實現了嗎？

林鄭月娥：我是一個不斷尋求創新的人。如果你問我還有沒有很多事想

做？為了香港的發展，我一定有的。但每個人都在歷史的洪流中，可以安然度過充滿挑戰且嚴峻的五年，我已感到非常欣慰。

更重要的是，在中央的支持下，我們帶領香港深度探索「一國兩制」的實踐，令「一國兩制」進一步完善，甚至可以説令香港返回「一國兩制」的初心，即，維護國家的領土完整、主權安全以及發展利益，並顧及到香港和澳門的實際情況，保證香港和澳門的長期繁榮穩定。

在此期間，國家「十四五」規劃綱要中涉及香港的部分更加豐富，令我們在「一帶一路」倡議中擔任更加重要的角色；在金融方面，我們與內地更加互聯互通，推出了債券通、理財通，深化了滬港通、深港通，令香港離岸人民幣樞紐的地位更加提升；我們在土地、教育等問題上也做了很多工作。我覺得「建設更美好的香港」有一定的進展。在中央的大力支持下，我們在五年之內有所成就，我覺得這是很大安慰。

記者：今年 6 月，您最後一次出席立法會答問大會回顧五年工作時哽咽了，是想到了哪些特別的瞬間嗎？

林鄭月娥：其實有很多。因為作為行政長官，既要向香港特別行政區負責，又要向中央人民政府負責，這是所謂「雙負責」制度。但畢竟兩地存在差異，壓力一定是有的。當時我説，因為是最後一次去立法會，所以想講一些比較感性的話，既是我個人的感悟，又是支持我走過這段充滿挑戰日子的力量來源。

第一，是剛才提到過的，來自中央的支持，這是最重要的。

第二，我是講信用的，説到做到。當年，我在就職演講中引述了一首廣東歌《同舟之情》，其中一段歌詞大意是，「大家都會經歷風浪，但沒關係，只要我在你身旁，就會為你護航」。所以，五年來，如果當船遭遇大風大浪的時候我卻跑了，或者信心有所減少，有想放棄，都是不行的。既然我承諾為香港這艘船護航，我就不會逃跑。

第三，令我更加感動的，當然還是家人。我擔任行政長官期間，家人都受到很大壓力，不僅是無形的壓力，還有一些有形的壓力。比如，孩子在學校會遭到一些不明是非的人對他們的人身攻擊。

記者：您曾經說過，您不覺得虧欠家裡人什麼，因為你們是一家人。

林鄭月娥：（哽咽）是的。他們始終信任我。這種信任通常都是來自很親密的人，而且是長時間在一起的人。你會知道他做事的出發點、他的初心、他的原則，你不需要對他做的事懂多少，你們也不需要分析或者辯論。這就是家人。

同時，我也有幾個好朋友，他們也是一種堅定的信任，給我接收到的信心就是「你做什麼決定，我們都一定支持你」。

記者：您會有「遺憾」嗎？

林鄭月娥：我不是很想講有沒有遺憾，做人最好不要提「遺憾」，要滿足於現狀、要感恩，如果想繼續貢獻力量，就要向前看。

今年（2022 年）6 月 30 日，習近平主席來香港時會見了我，希望我「繼續為香港和國家的發展作出貢獻」。我想，我在最前線經歷了「一國兩制」實踐最艱難的階段，對如何更進一步實踐深有體會。所以，我希望能夠多做些宣傳「一國兩制」實踐的工作，不僅對香港市民，還有內地人民、台灣人民。如果能夠準確掌握「一國兩制」的內涵，大家就會明白香港與內地的關係，有利香港更好融入國家發展大局。

記者：您會在某個新的崗位去做這些工作嗎？

林鄭月娥：（笑）我不需要新的崗位。但我希望有機會在全國的重點大學去講講「一國兩制」。比如，我會遊覽國家的名山大川，順便就去講講課。

記者：您會習慣這樣的「退休」生活嗎？

林鄭月娥：我非常習慣。因為卸任行政長官之後，有另一個角色等著我，那就是家庭主婦（笑）。我的確很希望做一個普通人，做回我丈夫的太太，兩個孩子的媽媽。我也有很多老同學、老朋友，大家終於有時間可以相聚。

記者：您對香港未來的發展有何期待？

林鄭月娥：第一，我認為香港應該有更大的作為，想得更大膽和長遠一些，如中共二十大報告中提到的「破解經濟社會發展中的深層次矛盾和問題」。

第二，香港要有更大的擔當。目前國際形勢更趨複雜嚴峻，作為外向型

「國際連絡人」，香港要有為國家服務的擔當。

第三，香港應該更加積極融入國家發展大局。我們不能只看深圳河以南香港的發展，更要望向深圳河以北，整個大灣區，特別是深圳和香港的雙城發展。我們不能太「小心眼」，只看自己可以做多少生意。應該比較長遠、比較策略性地去融入國家發展。

（本文首發於 2022 年 11 月 9 日）

港故事 1997—2022

香港回歸祖國25年25人訪談錄

「廣深港高鐵全綫開通，

為香港融入國家發展大局提速。」

葉紫珊

廣深港高鐵香港段首航列車駕駛員

2018

香港高鐵駕駛員葉紫珊回味首航香江仍感激動

「動感號」讓動感之都加速起航
接駁新時代

◎ 區小鳴　張詩雨

　　2018 年 9 月 23 日廣深港高鐵香港段正式通車。雖只有 26 公里，但因為打通了香港與內地的全新「大動脈」，為香港融入國家發展大局展開全速前進的新一頁，使得這一「通車」意義重大。

　　「這是香港第一條可以穿州過省的列車！」葉紫珊是香港首批高鐵司機，也是廣深港高鐵香港段通車首航的「動感號」駕駛員。近日，在香港元朗的港鐵石崗車場內，她向記者回想起加速起航的那一刻，仍然難掩激動，「第一次讓列車時速加到 200 公里時，我的心跳和車速一樣，一直在提速，非常興奮。」

　　不僅葉紫珊，在機會面前，很多香港人也像她那樣，心跳和車速同步。

培訓一年多考獲高鐵駕駛資格

　　廣深港高鐵香港段，自西九龍始，經油尖旺、深水埗、葵青、荃灣及元朗，直抵深港皇崗分界，全程 26 公里。在經過層層篩選後，「動感號」三個字也從 1.6 萬個建議中脫穎而出，成為香港段列車的名字，寓意香港是動感之都。

　　「由於這是香港第一次開行高鐵，因此，不僅各個系統進行了反復測試，工作人員也都進行了嚴格培訓。」葉紫珊回憶說，首批香港高鐵司機在坐進駕

● 香港首批高鐵駕駛員
葉紫珊

駛室實際操練之前，都要經過嚴格選拔和在香港、成都、廣州等地大量培訓及
考核。

　　土生土長的香港「90後」葉紫珊身材纖瘦，卻對鐵路司機這一職業充滿
熱情。她從小對機械感興趣，大專學的也是工程專業。進入港鐵公司後，她擔
任了四年多地鐵司機，然後應徵高鐵司機職位。

　　高鐵對香港而言是一種全新的交通工具，對葉紫珊來說是充滿挑戰的難
得機會。

記者：您為什麼從地鐵司機轉做高鐵司機？
葉紫珊：因為我喜歡不斷給自己帶來新挑戰，剛好了解到香港要開通高

● 葉紫珊（右）在石崗車場向記者（左）講述駕駛首航高鐵時的激動心情

鐵了，這對香港、對港鐵來說都是一個很重要的里程碑，所以我就想有新的嘗試。香港從來都沒有過高鐵，我能成為其中一分子，很榮幸，這對我來說吸引力很大。

記者：需要考試嗎？

葉紫珊：這其實也算是一個晉升機會，所以考試是必然的。首先需要自己填表向公司申請轉做高鐵司機，然後通過公司內部一連串考試，最後再接入其他培訓。同時，因為駕駛高鐵要重新學習內地一些規章或者法例，所以還要再到內地接受理論培訓和實戰培訓。

整個內地培訓過程，大約有五個星期在成都、兩個星期在韶關，最後有兩三個月在廣州，每個地方都對應不同的培訓項目。如，在成都學習理論和高鐵列車的知識；在韶關就會進入模擬駕駛室練操作；在廣州，則由中鐵廣州局的師傅教我們日常如何操作駕駛。整套培訓加起來，超過一年，最後才拿到駕駛高鐵的資格。

● 葉紫珊在高鐵駕駛室

● 2018 年 9 月 23 日，廣深港高鐵香港段正式通車

記者：當時會感覺這個「新駕駛室」更酷嗎？

葉紫珊：最大的感覺就是速度快了很多，好像以前駕駛巴士，現在突然開跑車。我以前駕駛地鐵，時速最高為 110 公里，但高鐵的時速可以提升到 300 公里以上，確實差很遠，完全兩回事。所以，當我第一次讓列車時速加到 200 公里時，我和同事開玩笑說，我們的心跳和車速一樣，一直在提速，非常興奮。

除了「速度」外，高鐵很多技術也與地鐵不一樣。比如剎車，高鐵的信號系統與地鐵不一樣，這對我準備剎車的時長要求也不一樣，為了避免出現急剎車給乘客造成不舒服，我們要高度集中注意力，對各種指令要求滾瓜爛熟。

高鐵「遠景」讓人豁然開朗

2018 年 9 月通車後，香港接入共享國家 2.5 萬公里高鐵建設成果，從高鐵「孤島」與國家同步走向了「八縱八橫」。

「到深圳福田 14 分鐘、廣州南 47 分鐘，至武漢不到 5 小時、北京不到 9 小時；6 個短途站，38 個長途站，長途列車每日開行 13 對，短途列車平日和週末每日分別開行 70 對和 82 對，高峰期每日開行 114 對……」

說起「香港高鐵」，葉紫珊滔滔不絕，如數家珍。在她看來，由於時間「摺疊」，空間「壓縮」，高鐵開通對香港市民出行所帶來的巨大改變，直觀而深刻。

記者：您還記得通車那天的情景嗎？

葉紫珊：香港高鐵正式向市民乘客開放乘坐的是 2018 年 9 月 23 日，開通儀式是早一天的 9 月 22 日。我作為開通儀式的首航列車駕駛員，心情既興奮又緊張。發車前的整套準備流程我雖然之前都反復操練無數遍，但還是不停地像放電影一樣一遍遍地在心裡過，擔心有一絲一毫的差錯。

記得當天，我駕駛高鐵從廣州返回香港的時候，電話彈出顯示有幾百條信息，全都是家人、朋友在高鐵開通儀式直播中看到我的視頻和照片。大家發

給我，說明他們也很替我開心。高鐵開通是香港一件里程碑式的大事，能夠參與其中，成為其中一分子，我相信每個香港人都一樣榮幸。

記者：當上高鐵司機後，您有什麼特別的感觸嗎？

葉紫珊：我以前開地鐵，很多時候都是進出隧道，即使有地面路段，也多是在樓宇森林中穿梭、切換；現在駕駛高鐵，從駕駛艙往外看，既有現代化的高樓大廈，也有簡簡單單的田園山水，既有燈紅酒綠的繁華，也有繁星點點的清曠，會特別讓人有種豁然開朗的感覺。也像我們這些年輕人一樣，透過高鐵穿梭於粵港澳大灣區各個城市內，讀書、工作、生活，有種「打開視野看前面風光無限好」的快感。

所以，當高鐵開通後，我感覺香港人的心跳與車速是齊飛的，因為在高鐵接駁的新時代下，機會多多。

記者：有種「坐著高鐵去，暢行新時代」的期待。

葉紫珊：是的。最直接的就是出行便利。以前我覺得東鐵已經很接近關口，但始終都沒有過到境。現在，「一地兩檢」很方便，高鐵可以直接過境，往返內地的香港市民或者其他旅客，耗時大大縮短。例如，以前大家乘坐東鐵在紅磡出發，單是到羅湖就需要四十多分鐘；現在從西九龍出發開往福田或者深圳北分別只需要十五分鐘和十九分鐘。

縮短了時間就相當於打開了一扇「空間門」，拉近了香港與祖國內地的距離。就我工作所見，有的香港年輕人週末會乘坐高鐵到深圳、廣州去吃飯遊玩，甚至到內地北方城市旅行；有的商務人士當天就能來回粵港。

國家的發展和變化，只有親身踏足才能真實感受到。就像我在內地培訓那幾個月，「打車」、吃飯、購物、充值等等全部都可以用手機搞定，出門只需要帶手機和門卡，這些便捷如果沒有親身體驗過，很難想像。

停運不停擺，期待再出發

受新冠疫情影響，廣深港高速鐵路香港段來往香港西九龍站及內地車站

的列車服務從 2020 年 1 月 30 日起暫停。

儘管如此，香港鐵路有限公司仍然每天堅持安排演練，確保香港高鐵再次投入運行時每個環節萬無一失。「停運期間，『動感號』和我們一直『在綫』。」葉紫珊笑了，「隨時待命再出發。」

記者：最近三年香港高鐵停運，您的工作有變化嗎？

葉紫珊：雖然暫時停運，但每天還至少需要運行一班列車進行演練，目的是確保路軌、隧道環境，以及其他設備是安全的、適合運行的。我現在的工作就是負責編排值班同事去完成這些工作。

「動感號」現在基本都停在元朗石崗車場，有工程人員定期進行維護和檢修。除了高鐵要保持狀態，我和我的同事都需要保持狀態，以備政策可行的時候，我們得跟上，為大家服務。

記者：有沒有趁這個階段對這個服務進行擴容或者升級？

葉紫珊：疫情前，「動感號」直接到站點有 58 個，每天載客量有 5 萬。通關後估計會迎接更多新的站點，客流量也會相應增加，所以我們一直在培養梯隊力量。有不少港鐵同事希望投考高鐵駕駛員，我們按照選拔和培訓流程一批一批地培養高鐵新駕駛員，現在也有一批正在成都培訓中。我也有一些工作心得分享給新同事，希望可以一路薪火相傳。

（本文首發於 2022 年 12 月 20 日）

港故事

1997－2022

香港回歸祖國25年25人訪談錄

「修例風波發生的根源
在於國民教育滯後。」

伍淑清

香港中華青少年歷史文化教育基金執委會主席

2019

「美心大小姐」伍淑清憶述在日內瓦介紹「香港修例風波真相」始末

追溯問題產生的根源，
會比我們想像的更加深遠

◎ 李心迪　李喬新

20 日，香港特區政府公佈《青年發展藍圖》，涵蓋 160 多項具體行動及措施，希望能夠幫助全香港 215 萬名 12 至 39 歲青少年更好發展。特區政府還將動用約 1 億港元加強青年人的生涯規劃，培養他們的正向思維，加強學校、商界及非政府機構合作，強化他們的國民和國家安全教育，民族自豪感和法治意識。

在伍淑清看來，加強青少年的國民教育和民族自豪感的培養，能有助他們在了解、擺正思維後由心而發出愛國的情感選擇，「也是對三年前修例風波產生根源的挖掘和解決」。

三年前，一場猝不及防的修例風波侵襲香港。在外部勢力插手干預下，曠日持久的嚴重暴力衝擊法治基石、危及民眾安全、重創經濟民生，挑戰「一國兩制」底綫，嚴重危害國家主權、安全、發展利益。

「黑暴」肆虐，明珠蒙塵。香港，究竟發生了什麼？

2019 年 9 月 9 日，聯合國人權理事會第 42 屆會議在日內瓦開幕，香港各界婦女聯合協進會主席何超瓊和監察顧問伍淑清現身會議現場，以非政府組織代表的身份向世界講述了一個真實的香港。

● 全國工商聯副主席、香港知名企業家伍淑清

　　頓時，伍淑清成了「風眼」之一。父親伍沾德創辦的美心集團旗下多間店
鋪被黑暴分子反覆破壞、騷擾，網上也掀起了對伍淑清本人的「攻擊潮」。

　　「我們早就預料到會有這些攻擊，因為後面都有別有用心的操縱者。誰要
說清楚香港這個事情，他們都會打擊的。」三年後，在香港東區的中華基金中
學內，74 歲的伍淑清回望那場風波，深有感觸地對記者說，「但這個風波究竟
為什麼產生？也許追溯問題產生的根源，會比我們想像的更加深遠。」

　　「美心大小姐」、創辦內地首家中外合資企業的「001 小姐」、全國工商聯
副主席、香港知名企業家……2019 年的伍淑清擁有許多響亮的頭銜，而在聯
合國人權理事會內，她逾古稀而不辭：「我是一名為港發聲的愛國港人。」

是美心，也是良心

2019 年前，大家對「伍淑清」這個名字也許比較陌生，但提起「美心月餅」，想必略知一二。伍淑清，便是美心集團創辦人之一伍沾德的長女。

與記者的訪談選在了她創辦的中華基金中學校園內。和一般穿戴華貴的富家名媛不同，這位名門閨秀衣著簡樸，低調少言，雖銀絲滿鬢，但眼神堅定，步履生風。

2019 年，伍淑清與何超瓊一同前往日內瓦出席聯合國人權理事會第 42 次會議，其中一個議題是「香港問題」。那時，香港的「修例風波」已經持續了三個月。這三個月裡，香港的社會治安被衝擊，暴力示威者破壞了香港市民往日的平和生活，給香港經濟和國際形象造成巨大損害。但一些香港媒體和外國媒體對香港的報道卻在美化暴力示威者，影響海內外公眾對香港真實情況的認知。

「三年前，我們要用香港民間的聲音告訴世界香港究竟發生了什麼。」伍淑清平和地對記者說，「三年後的今天，我們應該思考如何解決問題。」

記者：2019 年的時候是出於怎樣的想法，選擇站出來公開發聲？

伍淑清：2019 年七八月份的時候，我們香港婦協開始計劃以非政府組織身份申請參加聯合國人權理事會會議。香港婦協成立於 1993 年，是由林貝聿嘉女士牽頭，我與其他九位女士一同參與成立的非政府組織。成立後因為參與世界婦女大會的需要，香港婦協一直很注重和聯合國的交流互動，從 1994 年起香港婦協就拿到聯合國經濟及社會理事會的諮商地位，可以參加聯合國所有非官方活動。所以 2019 年時，我們就繼續以香港婦協的身份申請參會。

因為每人只有 90 秒發言時間，我就和何主席（何超瓊）商量，把我們二人的發言時間都交由她發言，時間會寬裕點，她能說得從容一點。會後有記者採訪我，那些內容在香港播出後就引發了各種各樣的評價。

記者：當時您說了什麼？

伍淑清：我提到，暴力分子圍堵機場，很多還是破壞公共設施，破壞了

● 在中華基金中學的教室裡，伍淑清（左）向記者展示《香港百聞》和《國史百聞》

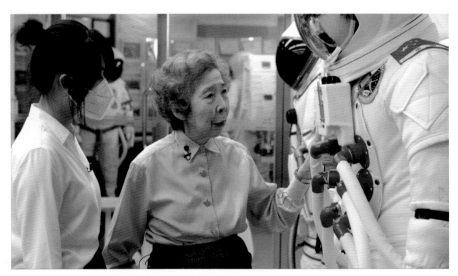

● 伍淑清（右）在中華基金中學內帶記者參觀，她從內地買回中國航天服讓香港青年認識祖國發展

大家長時間對香港安全的認知。這個是影響香港全球形象的，很危險。

記者：後來您在網上被部分網友攻擊，美心集團也遭到抵制。您有預料過嗎？

伍淑清：2019 年香港的社會環境是比較惡劣的，社會治安很不理想，所以去之前我已預計到會有負面評價，會有非理性的人群來攻擊我們，但做人最重要是問心無愧。人一生總要做些有意義的事情，也要在這些有意義的事上堅定立場。不論是出於自己的良心，還是為了盡到香港婦協非政府組織的責任，我都要去向外界説清楚香港的情況。

香港老百姓很善良也怕事，一般都不願意出頭露面，回去也會有些人非常感謝我們。有時候在路上走路，有個人走過來説「我們支持你説話」。有人敢走出來説這句話，我覺得這個人很勇敢。我説謝謝，大家共同都希望香港更好，就行了。

記者：您心裡其實很難過。

伍淑清：作為土生土長的香港人，看到香港當時變成那樣是很難過的，並且我相信當時任何身在香港的人都會感到痛心。但其實我也並不是特別意外，香港 2019 年發生的事情，可能無可避免。

1997 年香港回歸前夕，我注意到很多香港朋友還不適應香港的轉變。如果不從 1997 年開始就培養大家的國民精神，不從幼兒園、小學、中學就抓好國民教育，二十年後成長起來的新一代很有可能也對祖國沒有歸屬感，只覺得自己是香港人，而認識不到自己也是中國人。因為這群孩子學不到中國的歷史，不了解祖國內地和香港之間的關係，他們只能看到自己眼前每天生活著的香港，「祖國」對他們好像是個很遙遠，甚至陌生的概念。所以 2019 年發生修例風波，我覺得它發生的根源不在那些年輕人，而在於我們當年第一步就沒有走好，國民教育的滯後最終留下了後遺症。

記者：當時難以一蹴而就。

伍淑清：是的。國民教育其實是個潛移默化的過程，短時間內強制去做反而會起反效果。加上香港回歸祖國早期，首先經濟得穩，民生得去保障，後來又遇到了金融風暴、SARS 等衝擊，國民教育就相對滯後。

我覺得做事是為了解決問題，而不是激化問題。尤其對年輕人，你越是要他承認的事，他如果想不通他就更會和你對著幹。外部勢力如果再通過各類媒體來影響他們的思維和判斷，那就很可能直接做出很多令人心痛的事。

愛香港，也愛祖國

伍淑清還記得在準備瑞士日內瓦聯合國人權理事會例會的發言之際，她去參觀了正在日內瓦萬國宮舉行的「為人民謀幸福：新中國 70 年人權成就展」，這讓她非常驕傲。她感慨，我們是十幾億人口，不是幾千萬人的地區，能做到這種成就，我們國家很了不起，也希望有更多人去看看真正的中國。

伍淑清祖籍廣東台山，1948 年中秋出生在香港，少時就讀於香港，後赴英美留學。

從 1978 年 12 月迄今，伍淑清累計到訪內地三千多次，深刻認識到到內地發展的迅速。1979 年，伍淑清協助父親在北京開辦了國內首個中外合資企業北京航空食品公司。在她的努力下，開創了內地與外企合資合作先河，成功獲得「001」批文，因此也得名「001 小姐」。

「百聞不如一見。」從 1994 年開始，伍淑清開始組織香港青少年來內地交流學習；1998 年，成立香港中華青少年歷史文化教育基金，每年資助組織香港師生來內地參觀考察。「這些年來我走遍了祖國各地，也希望給香港青少年提供機會來內地走走。」伍淑清說，國民精神的形成需要良好的社會氛圍，也需要自己去看、去觸碰、去思考。

記者：您覺得香港接下來怎樣做才能進一步推動國民教育？

伍淑清：國民教育不是形式主義，並非只是讓小朋友們唱唱國歌，而是要而要用心去做，培養我們的家長、教師、乃至整個社會都要有國民精神。在內地，我看到兩三歲的孩子見到國旗都馬上立正敬禮，但是在香港這幾乎不可能發生。要想真正做好國民教育，就必須由特區政府牽頭，推動家長、學校乃

● 中華基金中學舉行升旗儀式

至整個社會在方方面面把祖國放進心中。國民教育其實除了學校教育，也要重視家庭教育和社會教育。

我在香港讀小學的時候香港還沒有回歸，但當時我們的老師都教我們要認識和珍惜自己的中國人身份，所以我從小到大，哪怕後面出國唸書，我都一直覺得我代表著中國，我以祖國為傲，我要為中國爭光。留學時，母親還刻意叮囑我，出門在外，要時刻記得自己是中國人，與家裡的書信往來必須用中文，非中文的信件，家裡不收。

我父母其實很少干涉我的想法，但是我能感受到他們的觀念。我父親雖然是美國華僑，但他始終認為自己是一個中國人，不管幹什麼都覺得我要給中國人爭氣。也因為父親給我提供的機會，我很早就進入內地考察，後來也走遍了內地的各個城市。我記得是 1978 年 12 月 10 號，新華社邀請一批香港商人回內地看看，本來邀請的是我父親，但父親把名額讓給了我。這也是我第一次踏入內地。當時中國剛開始搞改革開放，市場經濟還是一片空白，所以我參觀完就在想，也許我們能為國家做點什麼。後來就有了我們促成的第一家合資企業，有了我和父親在內地的那些合作。到今天為止，我始終覺得作為中國人應該要為自己的民族、自己的國家做點事情。

記者：不僅您自己，您這些年還帶了 100 多個香港青少年團來到內地參觀交流。

伍淑清：我發現香港本土長大的年輕人卻幾乎沒怎麼去過內地。香港作為特別行政區，必須要背靠祖國，立足內地，才能更好放眼世界，真正發揮出香港的優勢。所以我覺得應該給香港年輕人多一些機會來內地看看。從 1994 年開始，我們幾乎每年都組織香港青少年來內地交流，現在有高鐵，年輕人也會說普通話，更應該多去內地交流。

香港本身也肩負著橋樑的功能，全世界的資本經由香港走入內地市場，大家一起實現更高端更好的發展。除了現在我們說的粵港澳大灣區內地城市，其實我覺得國家的東北、西南、西北也有很多可以作為的地方。所以我們去內地到處看，也是充分了解香港未來發展的可能。

記者：聽說您要是帶師生們去北京，必會到天安門廣場觀看升國旗儀

式；去到國外，首先拜訪當地的中國領事館。

伍淑清：是的。天安門廣場的升旗儀式是我每次最看重的環節，每次都被會排在第一位。出了國去當地領事館拜會，也會讓孩子們排好隊，在國旗下齊唱國歌，同時希望他們明白在國外為他們提供保護的是中國的使領館。我從回歸之初，就建議香港每一處學校，都要同內地一樣，每週舉行升國旗，唱國歌儀式，並形成制度。

這是我們的根。

重青年，也重教育

伍淑清上小學時，來自北京的中文老師教他們中國歷史、古文，也常常講起內地的情況、北京的故事。這樣的教育不僅為伍淑清打下了扎實的中文基礎，賦予了她中國人的身份認同感，也讓她深刻體會到「好的教育能讓人不再迷茫」。

所以，當她發現香港新生一代對祖國概念模糊時，她決心辦學。

2000 年，伍淑清創辦中華基金中學，專門邀請史學權威專家，編寫歷史書。除此之外，學校還培養了一批能夠正確教學中國歷史的老師。「現在最新的版本已經更新到了 2022 年。」伍淑清告訴記者，她並非要為青年一代灌輸什麼專門的親內地思想，只是希望擺正歷史，擺正每一個香港人的思維與身份而已。

伍淑清對教育的關注還不僅限於香港。比如，為了在西藏建立兒童健康教育基金，還特意在香港發起募捐得到 2700 萬港幣。截至目前，她以及她背後的伍氏家族前後為內地教育事業捐資超過 2 億港元。

記者：您創辦的這所學校與其他學校有什麼不同嗎？

伍淑清：我們學校的校歌是中文的。教學以英語為中心，也要懂得普通話和廣東話。而且在學校是把愛國放在第一位的。比如，2019 年 9 月，有亂

港分子煽動學生罷課，我們部分學生也受到影響，提出要與校方商討罷課安排。我和校長與這些學生見面，並安排學校播放了講述從鴉片戰爭到新中國成立，以及香港回歸之後的愛國影片。當時，我就明確表示自己不同意教師、校工罷工或學生罷課，會勒令參與罷課的學生退學、辭退參與的教職員。半天之後，大部分學生決定取消罷課行動，改為號召校友及公眾到學校聲援及保護學生。

記者：讓學生們了解歷史，當中發揮了作用。

伍淑清：是的。但香港的通識教育過去做得不好。教材不需要送審，任課教師甚至可以用自己寫的教材來教課，結果教學和教材的質量參差不齊。我記得以前甚至有版本說鴉片戰爭是英國人為了幫助香港通商才打仗的，完全扭曲了原本的歷史；還有的對外國侵略中國的歷史一筆帶過，連南京大屠殺都是輕描淡寫。這種事情怎麼可以輕描淡寫？在香港，我們有來自各地的年輕朋友，有的來自內地，有的來自台灣，有的則是「海歸」。如果能有一個統一的正確的版本讓大家學習歷史、認識中國，來自不同地方的年輕人就不用胡思亂想、自己揣測。

所以，我想建議特區政府成立一個專門的工作小組，組織教育局、文旅局、行政會議以及教育界等各界人士，一同來推進香港歷史的正本清源。比如，編寫一本香港近代歷史，把香港的歷史從鴉片戰爭開始寫得清清楚楚，把這本歷史書作為香港中小學生必修教科書，讓孩子們及他們的父母都能認識中國近代史，尤其是 1911 年到 1949 年這三十幾年的歷史。

記者：您也組織新編歷史教材？

伍淑清：我們現在已經編寫了兩套國民教育的參考書，分別是《香港百聞》和《國史百聞》。幾年前，我在香港沒有找到好的中國近代史參考書，於是請我的好朋友蘇銳鴻，一位退休的校長來幫忙編寫一本歷史書。蘇校長畢業於香港中文大學新亞書院，是一位土生土長的香港人，使這本以港人視角編寫的《香港百聞》很具認受性。我還邀請了幾位有心人編寫《國史百聞》，介紹近當代一百宗歷史事件。

自費做完這兩套書後，我送給香港所有中學校長，為的就是希望香港年

輕人都能對歷史有準確的認識，讓他們了解到香港和國家是不可分的，在歷史裡主動思考和認知自己的身份。以史為鑒，香港人方能明白自己從何處來，又將往何處去。痛定思痛，重新出發，才能讓香港的經濟和社會邁向新的台階，保持安定繁榮。

（本文首發於 2022 年 12 月 22 日）

港故事

1997—2022

香港回歸祖國25年25人訪談錄

> 「香港國安法實施對粉碎『顏色革命』起到關鍵作用。」

鄧炳強

香港特區政府保安局局長

2020

保安局局長鄧炳強談香港實現由亂及治利器

香港國安法實施對粉碎「顏色革命」起到關鍵作用

◎ 陳彧　陳晨　許曉鑫

「持 BNO 護照者若在海外遇事應找自己國家解決。」近日，在香港立法會保安事務委員會討論相關問題時，香港保安局局長鄧炳強強調，香港特區政府不承認 BNO 護照，但只要是香港居民，特區政府都會儘量提供協助。

大部分香港市民對鄧炳強的表態持支持態度。

2020 年 6 月，中央及時出手制定香港國安法，填補了相關法律漏洞，香港社會實現了由亂及治的重大轉折。

「香港過去幾年經歷了一個比較動盪的時期」，維港之畔暖陽普照，金紫荊廣場花艷灼灼，在特區政府總部辦公室內，鄧炳強接受記者專訪指出，當年外部勢力插手干預中國內政，包括英國操弄所謂 BNO 政策等禍亂香港，但自從香港國安法頒佈實施，完善了選舉制度和落實了「愛國者治港」原則，香港得到了重生。

去年卸任警隊「一哥」、就任保安局局長的鄧炳強雖然已卸下三十多年的警服，但感覺肩膀上的任務更重了。他相信只要外部勢力干預香港事務、破壞國家安全的心不死，作為守護香港和市民安全的他們就一刻都不容鬆懈，隨時要做好防備。

風雨過後見彩虹。鄧炳強對香港的未來充滿信心。在他看來，「香港市民的『獅子山精神』，國家對我們的愛也從來沒變」。

無論面對任何困難，保護市民都是首位

1987 年在香港中文大學畢業後，鄧炳強選擇加入香港警隊，隔年便獲得警務處處長學業成績優異證書。從警三十多年來鄧炳強參與偵破諸多大案，包括轟動一時的張子強案及季炳雄案等。2018 年 11 月 16 日，鄧炳強獲香港特區政府委任為警務處副處長（行動）。

2019 年，香港「修例風波」爆發，警方面對前所未有的壓力。作為負責警隊行動指揮的警務處副處長，鄧炳強被媒體拍攝到多次「落地」到前線溝通行動措施，為疲憊的一線「打強心針」。

2019 年 11 月 19 日，鄧炳強正式就任警務處處長，警隊沿用多年的座右銘「服務為本，精益求精」也改為「忠誠勇毅，心繫社會」。「香港警隊哪怕受到委屈，哪怕面對再大的困難，都把保護香港市民的心放在第一位，這是起碼的公義之心，也是『忠誠勇毅，心繫社會』的最好詮釋。」鄧炳強說。

記者：您認為香港社會動盪是從什麼時候開始？從 2014 年非法「佔中」到 2019 年的黑暴，作為直面香港社會動盪的執法者，您認為這些事件是否也存在聯繫？

鄧炳強：外部勢力早在回歸之前就在謀劃如何危害我們國家和香港的安全。《蘋果日報》就是成立在回歸之前，他們對整個社會思想的衝擊是非常大的。

以前香港社會是非常包容的，也很尊重他人。但《蘋果日報》設立狗仔隊去揭發私隱，讓社會之間的信任感越來越低，各種矛盾也被放大；《蘋果日報》還進行了很多反政府、反中央的洗腦工作，荼毒香港年輕人。

2003 年我們最初推進基本法第二十三條立法的時候，就可以看到很多外部勢力和他們在香港的代理人進行反對中央、破壞香港特區政府公信力的工作。後來 2012 年的「反國教」、2014 年的非法「佔中」、2016 年的旺角暴亂，以及 2019 年的「修例風波」中，依然可以看到外部勢力和他們在香港的代理人的身影。他們通過各種手段危害我們的國家安全，企圖製造「顏色革

● 香港特區保安局局長鄧炳強

命」，這就是他們的套路。

記者：2019 年黑暴最激烈的時候，您臨危受命擔任警務處處長，當時面臨的困難是什麼？

鄧炳強：當時我面對好幾個困難。首先是同事普遍情緒低落，大家連續五個月每天工作超過 20 個小時，雖然我們很努力，但社會上卻有一些聲音認為我們做得不夠好，家人被起底、宿舍被破壞，保護市民還要被人指責和攻擊，大家非常迷茫；第二是當時社會上很多媒體批評我們，甚至編造傳播一些「警察殺人」「警察拋屍」的假信息，有部分市民甚至相信了；第三是在工作上，很多市民害怕暴徒的起底、暴力攻擊，不敢為我們提供協助。所以我們有種「孤軍作戰」的無力感。

我們後來改了警隊的座右銘，即「忠誠勇毅　心繫社會」。雖然改幾個字有些人覺得很簡單，但這能夠幫我們找回工作的初心。新的座右銘就是想強調，我們之所以這麼付出，源自於「忠誠」，包括對國家的忠誠、對社會的忠誠，對警隊的忠誠和對香港市民的忠誠；我們「勇毅」，無論面對任何困難都

要將保護香港市民的心放在第一位。

新的座右銘幫大家找回工作的信心，再配合戰術的調整、優化宣傳解說工作，加上香港國安法的實施，最終扭轉整個局面。

接任警隊「一哥」，化解香港理工大學事件

鄧炳強剛上任警隊「一哥」就面對暴徒佔領香港理工大學事件。

大學期間主修社會工作、副修社會學的鄧炳強，深諳「剛柔並濟」的重要性，他一面要求同事對暴力行為絕不手軟、果斷執法，一方面對 18 歲以下涉及較輕罪行的未成年人採取人性化措施，最終讓校園內上千人士和平離開並接受拘捕、登記，也粉碎了暴徒們一間間校園輪番踐躪、從而推進「顏色革命」的企圖。

談及當時的情況，這位一直以嚴肅、威嚴形象的警隊「一哥」也難免動容。

記者：戰術的調整有明顯的效果麼？

鄧炳強：戰術方面的調整，最關鍵是在香港理工大學事件。當時暴徒剛剛踐躪完香港中文大學，準備逐間破壞香港的大學，一步步實施「顏色革命」。

所以我當時在香港理工大學做了一個決定——不能讓這些暴徒離開，不能讓他們再去破壞其他大學，要用圍堵的方法把這些暴徒抓起來。這並不容易，因為需要非常多的人手。但同事們不辭辛苦，說不抓完暴徒就不收工。他們這個決心非常重要。

我們也採取了剛柔並濟的策略，對於 18 歲以下的年輕人我們不即時拘捕，而是先登記資料，稍後再處理。我們也容許一些老師、校長、社工到校園裡勸年輕人主動出來。

我覺得理工大學的行動對我們改變當時整個局勢有很大的幫助。

記者：還記得當時心情嗎？會不會感到害怕？

● 在香港特區政府總部，鄧炳強（右）向記者講述 2019 年打擊「黑暴」背後不為人知的故事

鄧炳強：我們做警察什麼都不怕，對的就要做！但當時的心情是很激動的。我看到同事在現場四五十個小時沒有休息，有同事被暴徒用弓箭射穿了腿還在堅持工作。

記者：家人有沒有勸你別去一綫，留在後方指揮？

鄧炳強：沒有，幸好我家人對我工作的非常支持，所以這也是我另一個放心。

記者：現在回想起來會是怎樣的感覺？

鄧炳強：（眼睛濕潤、哽咽）同事的付出讓我非常感動。有個同事家裡的玻璃窗被暴徒扔東西砸爛了，太太抱著孩子給他打電話，孩子就在電話裡哭；他卻在另外的現場對峙著暴徒，電話裡是孩子的哭聲……這樣的例子還有很多，我想這是一種無私的付出，總之我們覺得社會不應該是這樣的，應該要重回正軌，我們無論多麼辛苦都要做。

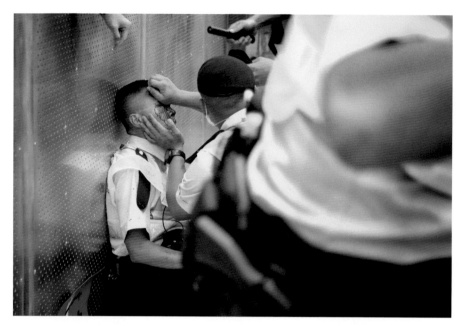

●「修例風波」期間，警察遭受暴徒襲擊頭部受傷　鄭爾奇攝於 2019 年

國安法頒佈實施兩年成效顯著

2020 年 6 月 30 日，十三屆全國人大常委會全體會議以 162 票全票通過《中華人民共和國香港特別行政區維護國家安全法》。

香港國安法共 6 章 66 條，主要針對分裂國家、顛覆國家政權、組織實施恐怖活動和勾結外國或者境外勢力危害國家安全等犯罪，罪行重大的最高可被判無期徒刑。

鄧炳強告訴記者，香港國安法的制定和實施成為了「修例風波」重要的分水嶺，不僅填補了法律上的真空，對於粉碎整個顏色革命起到了關鍵性的作用。

記者：什麼時候開始感覺到「修例風波」帶來的動盪開始平復，真正實現止暴制亂？

鄧炳強：我想最主要分水嶺就是香港國安法的頒佈實施。之前雖然我們在行動上有了成果，但是沒有一個法例可以對付當時一些在背後煽動、企圖分

● 2020 年 6 月 30 日晚 11 時，香港國安法正式生效

裂國家的黑手。

　　直到香港國安法的公佈，定義了分裂國家罪、顛覆國家政權罪、恐怖活動罪、勾結外國或者境外勢力危害國家安全罪四類犯罪行為，填補了法律上的真空。

　　記者：當得知國安法要落地，心裡會有怎樣的感覺？

　　鄧炳強：我想是更加踏實。之前雖然我們很努力去做，但由於沒有法律配合，總是覺得差一點，抓不到人、起訴不到人。但有了香港國安法來定義這些危害國家安全的罪行後，讓我們有了法律依據來檢控危害國家安全的人，這個非常重要。

　　記者：香港國安法已經落地兩年了，您如何評價它的成效？

　　鄧炳強：成效非常顯著。香港國安法落地之前，我們抓了很多一線的暴徒，但卻很難去打擊幕後的黑手，因為沒有相關的法例。香港國安法定義了相關危害國家安全的罪行，給了我們行動的法律依據，包括拘捕黎智英這個「大老虎」、對《蘋果日報》採取執法行動等。這個對於粉碎整個顏色革命起到了關鍵性的作用。

記者：您領導的保安局還採取了怎樣的措施，來保障「國安家安」？

鄧炳強：現在社會整體平靜了很多，但是我們依然不能掉以輕心。由於地緣政治關係，外部勢力依然會找機會在香港製造各種事端，從而影響國家安全。他們一直沒有停手，包括誣稱我們侵犯人權、是人口販運中心等。其實我們生活在香港的人都很清楚，只要不犯法，我們的言論、行為都是自由的。但外部勢力依然用一些「軟對抗」的方法，包括利用他們在香港的代理人來抹黑香港，企圖繼續分化社會，繼續在社會上做出煽動行為，所以這是一個長期的鬥爭，我們一定要有所防備。

國家對香港的愛從來沒變

2019 年的「修例風波」中，外部勢力和亂港分子不斷煽動青少年參與黑暴。整個事件一共有 1315 名人士被囚，其中便包括 345 名 21 歲以下的青年。

「其實很多年輕人本質並不是很壞，只是被人灌輸了『違法達義』的錯誤思想，他們很多人在進入懲教院所後也是深感懊悔。」鄧炳強說，如何幫助這些青年實現自我的「更生」，未來重新回歸社會、貢獻社會也是香港懲教署的工作重點。

回望過去 25 年的風風雨雨，鄧炳強對香港的未來依然充滿信心。因為在他眼裡，無論香港經歷怎樣的跌宕起伏，香港市民守望相助的「獅子山精神」從來沒變，國家對香港的愛也是從來沒變的。

記者：您的微博近期更新一條內容，談及一個懲教院所的青年學員向您分享了他的黑暴經歷心路歷程。現在您怎麼看待這些黑暴時期被拘捕的青年？保安局會如何幫助他們重新出發？

鄧炳強：其實很多年輕人本質並不是很壞，但有人向他們傳遞了「只要能達到自身目的，可以使用暴力、違法」的錯誤思想。然而違法就要承擔相應的法律責任，很多年輕人在進入懲教院所後也是深感懊悔，也希望未來重新回歸

社會、貢獻社會。我們懲教署除了監管犯人之外，也為在囚人士推出「沿途有『理』」的活動，希望幫助他們實現自我的「更生」。

很多年輕人原本還在讀書，甚至已經在進修專上和大學課程。懲教署便跟大學合作，讓這些學生可以在懲教院所裡繼續進修，以前修的學分也可以得到承認。這樣當他們離開懲教院所之後，還可以繼續以全日制的方式進修學業，甚至拿到學位。我們也向他們提供各種職業培訓，由於這些年輕人學歷相對比較高，所以我們開設了軟件設計、視頻剪輯等專業課程，希望他們可以適應社會發展，出去後找到相應工作。

最初我可能會為他們感到惋惜，但在跟他們交流後，對他們的前程充滿希望。因為他們在承擔法律責任的過程中得到了成長，開始認識到過往的錯誤，明白要為自己的行為負責，要為家人負責。

記者：您覺得這 25 年來，香港的民眾自由有沒有受到影響，營商環境、國際地位有沒有受影響？

鄧炳強：香港國安法進一步保障了我們的自由。2019 年的時候，你如果說普通話、甚至廣東話說得不流暢，可能都會有人針對你、打你。有人因為表達一些跟暴徒不同的意見，就被他們打得頭破血流。很多人也因此不敢講真話。現在有了香港國安法，我們自由表達意見的權利得到了保障。

這 25 年來香港發生很多變化，無論經濟上還是政治上，都經歷過動盪的時候，有起有跌。尤其是到了 2019 年，香港社會秩序一度非常混亂。好在有了香港國安法之後，香港獲得了浴火重生的機會，社會逐漸回復平靜。

而沒變的，是香港市民的那種「獅子山精神」，那種守望相助的精神是從來沒變的。國家對於我們的愛也是從來沒變的。我對香港的未來充滿信心。

（本文首發於 2022 年 12 月 23 日）

港故事 1997—2022

香港回歸祖國25年25人訪談錄

「香港『由治及興』的『及』，
不只是要『到』，而是『及早』
是要『及早興』！」

李家超
香港特別行政區行政長官

2021

香港特區第六任行政長官李家超談新選制如何帶來新氣象

「由治及興」，關鍵是要「及早興」

◎ 陳彧　陳晨　許曉鑫

　　伴隨冬日暖陽，香港特區行政長官李家超近日在位於港島金鐘的香港特區政府總部接受記者獨家專訪。他說：「擔任行政長官，對我來說，既是一個非常重要的使命，也是給了我機會，可以創造更多價值，貢獻給香港——我們的家園。」

　　此次採訪，距離他在第七屆立法會選舉前夕接受專訪剛好一年。

　　一年前，李家超這樣對記者說：「新選舉制度符合『一國兩制』原則，符合香港實際，為確保『一國兩制』行穩致遠、確保香港長期繁榮穩定提供了制度支撐。」

　　李家超所指，即 2021 年 3 月 30 日上午，十三屆全國人大常委會第二十七次會議全票表決通過新修訂的中華人民共和國香港特別行政區基本法附件一《香港特別行政區行政長官的產生辦法》和附件二《立法會的產生辦法和表決程序》。5 月 27 日，香港特別行政區立法會通過《2021 年完善選舉制度（綜合修訂）條例》，標誌著完善香港特別行政區選舉制度的工作順利完成。

　　實踐證明，新選制為香港帶來了新氣象。

　　2022 年 5 月 8 日，香港特別行政區第六任行政長官選舉投票。候選人李家超獲得 1416 票支持票，成功當選，得票率高達 99.2%，也創下香港特首選舉的新紀錄，順應了「愛國者治港」的呼聲。

　　「這一次剛好也是在 12 月，又是一整年的最後一個月，特別有意義。」李

● 香港特區行政長官
李家超

家超精神抖擻,「我既要扛起國家給予的重擔,又要對全香港七百多萬市民負責,保障好他們的民生福祉。讓這個『由治及興』的『及』,不只是『到』,而是『及早』,是要『及早興』。」

在儘量短時間創造最大價值

「習近平主席的『七一』重要講話和二十大報告,明確說明『一國兩制』是香港長期繁榮穩定的最佳制度保障,必須長期堅持。」李家超接受記者專訪時說。

今年64歲的李家超出身香港基層。30多年的警隊生涯中,李家超屢次破

獲大案，包括轟動一時的張子強案、「魔警」案。進入特區政府保安局後，他先後出任保安局局長、政務司司長。近年在應對「修例風波」、實施香港國安法、完善香港選舉制度、抗擊新冠疫情等重大事件中，他贏得廣大香港市民的支持和尊重。

「我明白，這些年來，經歷一系列嚴峻挑戰，不少市民朋友或許會感到疲累，對香港前景存有疑慮。」李家超對香港的前景充滿樂觀，「但我堅信，香港有『一國兩制』的制度保障，有各種長久以來賴以成功的優勢，自由開放的香港，優勢仍然得天獨厚。」

記者：黨的二十大報告提出，以中國式現代化全面推進中華民族偉大復興，支持香港、澳門更好融入國家發展大局，為實現中華民族偉大復興更好發揮作用。對此，您怎樣理解？

李家超：我成立香港特區政府的「融入國家發展大局督導組」，就是因為「十四五」規劃綱要、粵港澳大灣區建設、「一帶一路」建設等給予了香港無限的發展機遇。在國家以中國式現代化全面推進中華民族偉大復興的過程中，香港可以在很多方面作出貢獻。

二十大報告有一個專章談「一國兩制」的實踐。「一國兩制」是中國特色社會主義的偉大創舉，根本宗旨是我們國家主權、安全和發展利益。我們首先要落實好「一國兩制」在香港的實踐，參與國家全面建設社會主義現代化強國。

「一國兩制」除了確保香港的繁榮穩定之外，更在「一國」這個大原則下，讓香港在整個國家體系裡可以充分發揮自身的優勢和作用，為「國家所需」作出貢獻。所以說，香港要落實二十大精神，就要全面準確、堅定不移貫徹「一國兩制」，融入國家發展大局。

二十大報告也強調國家安全的重要性。香港既要維護國家安全，也要維護好自身安全。因為香港如果不維護好安全、管理好風險，又會出現類似2019 年「黑暴」「港獨」的現象，讓外部勢力有機可乘，這將會影響國家的安全和發展。所以香港不僅要為國家作出貢獻，還要確保不給國家帶來額外的風險。

這兩方面香港特區都要做好。香港要全面準確、堅定不移貫徹「一國兩制」，將「一國兩制」的優勢發揮到淋漓盡致，將它的價值全面釋放出來。

記者：香港計劃如何融入國家的發展大局？

李家超：國家已經給香港一些新的發展定位，例如「十四五」規劃綱要提到要將香港打造成為「八大中心」，包括國際金融中心、國際航運中心、國際商貿中心、亞太地區國際法律及解決爭議服務中心等四個傳統中心，以及國際航空樞紐中心、國際創新科技中心、區域知識產權貿易中心、中外文化藝術交流中心等四個新中心。這對香港非常有利，也是確保香港競爭力的關鍵。

世界在不斷發展，香港不進則退。香港要著力推進高質量發展，尤其是在科技創新發展上努力。比如，我們在建設國際創新科技中心過程中，將在北部都會區打造一個以創科為主軸，兼具生態平衡、可持續發展的高質量發展平台。我們目前也正在推動「再工業化」，在傳統的工業中融入更多科技元素，通過實現「工業 4.0」，利用大數據、機器人技術改造傳統工業，不僅提升產能，還會更加環保。

香港還有很多發揮空間，比如用好國際金融中心的融資優勢，幫助內地發行綠債、藍債；用好高度國際化、市場化的優勢，以及與世界各地規則接軌的優勢，積極發揮背靠祖國、聯通世界的作用，助力國家加快構建更加開放的「雙循環」新發展格局等。

我相信，香港在為國家貢獻不同方面、不同領域的經驗和力量的過程中，空間是無限的，關鍵在於積極性。因為融入國家發展大局要有積極性，不能是被動的，這樣才能讓整個粵港澳大灣區活起來、動起來。我們自己要主動、積極，在儘量短的時間創造出最大的價值。

記者：我們留意到，今年（2022 年）特區政府共提交了 25 項政府法案，17 項已獲立法會通過。近期亂港分子、「壹傳媒」創辦人黎智英案出現法律問題，您也迅速採取行動，建議提請全國人民代表大會常務委員會進行釋法，十分高效。

李家超：香港國安法實施以及選舉制度完善後，香港政治局面大幅改善，但仍存在暗流或潛在挑戰。特區政府需對相關內外挑戰未雨綢繆，包括執

● 2022 年 10 月 19 日首份施政報告發佈

政理念的革新，我們必須具備更勇於承擔、敢於擔當的心態。

在「愛國者治港」原則下產生的新一屆立法會，一改過去亂象叢生的局面，團結協作、求同存異、顧全大局成為主流。以 6 月 9 日三讀通過的《2022 年僱傭及退休計劃法例（抵銷安排）（修訂）條例草案》為例，新一屆立法會僅用 8 至 9 個小時就完成審議，解決了困擾特區政府多年的「老大難」問題。這在完善選舉制度前是不可想像的。

同時，在「愛國者治港」原則下，香港行政立法關係不再劍拔弩張。比如，我們提出了「前廳交流會」這一加強特區政府官員和立法會議員交流的新機制。立法會「前廳」與會議廳相隔一個走廊，司長級官員定期率團在這裡和議員就不同議題閉門交流。至今，「前廳交流會」已舉行 5 次。

所以，有了「愛國者治港」，香港也有了新機遇、新氣象、新風氣。香港正處在由治及興的新階段，奮進正當其時。

「搶」就是要主動到與別人「爭」的程度

4 月 29 日，李家超發佈行政長官選舉政綱：「我將組建一個團結、高效、務實的政府，以結果為目標，致力解決問題，提升施政效率，加強管治效能，提升市民的幸福感。」

其中，「『以結果為目標』解決問題」的施政理念和工作文化均在不同層面有所體現：

6 月，香港特區立法會通過特區政府架構重組方案，增強高層統籌指揮能力，也令各政策局權責分工更為清晰；

7 月，經架構重組的新一屆特區政府上任就職；

10 月 19 日首份施政報告發佈。李家超宣佈新成立「香港投資管理有限公司」，由特區政府主導投資策略產業，並公佈全新的「高端人才通行證計劃」。

……

香港主動「搶企業」「搶人才」，隨之成為熱門話題。

在這個「搶」字訣上，李家超改變過去 25 年裡對企業僱傭外地人員的限制，向全球高端人才派發「通行證」，讓他們可以直接來港發展；從未來基金中撥款 300 億港元設立「共同投資基金」，專門用以引進和支持投資落戶香港的企業，其中生物科技、人工智能、金融科技以及先進製造等科技創新領域成為引進重點……

「過去我們被動等人才上門，這兩年流失了十幾萬勞動人口，現在必須要主動去找人才。」李家超談起施政報告時，再度提到了他「積極主動」的出發點：「『及』不只是『到』，而是『及早』，是要『及早興』。我希望各方面都儘量壓縮時間，提速、提量、提效、提質。」

記者：您在首份施政報告裡提到香港要「搶企業」「搶人才」，十分矚目，香港市民也很期待。

李家超：香港是全球最具競爭力的經濟體之一，亦是內地對接國際市場的重要窗口，但過去兩年，香港本地勞動人口流失十幾萬，多個行業正面臨人力短缺問題。針對這一困境，我們必須要更積極、進取地「搶企業」「搶人才」。

當然我們是很文明地去積極招募人才，用「搶」這個字，是要強調一個主動意識，是主動到要跟別人競爭的程度。我相信這個態度對結果非常重要，將影響執行政策的人。同時，我們也要告訴世界，香港特區政府是主動的，以往我們基本是被動等著人才上門，現在是主動去「敲門」，並告訴大家我們有很多新政策。

作為政府，我強調我的供應必須要對接你的需求。你為什麼來香港？你的需求是什麼？你告訴我，我儘量提供。同時，我希望我們的供應是「聚焦」的。即，每個人、每個企業的需求是不一樣的，有先後次序，我們會優先聚焦到對香港發展有利的群體的需求上，包括我運用的錢、政府的資源等，以最小的投入拿到最大回報。

記者：有什麼突出的新政策？

李家超：任何發展都離不開資金、人才、土地三方面元素。香港特區政府已經有清晰的產業政策，並成立了一間投資公司來扶持有利於香港長遠發展的策略性、有代表性的產業，尤其是在創科方面。

在人才政策方面也做出了很多優化，例如全球百強大學畢業生只要有一定工作經驗，我們直接給予「高端人才通行證計劃」，他可以馬上來香港；如果年薪達到 250 萬港元，也可以被認定為高端人才直接來港。還有以前香港公司僱傭外地科技人才，需要證明為什麼在香港不能僱傭到同等人員，現在只要是被認定為缺乏人才的行業，可以直接僱傭外地人才。針對重點行業我們還有「量身訂做計劃」，包括稅務優惠、員工補貼、生活補貼等。

土地方面，香港必須要面對一個現實。我們只有 1100 多平方公里，相比其他城市，土地資源是相對較少的。對此，我們規劃的北部都會區，約佔香港三分之一的面積，發展主軸是創新，也會有文化、教育以及其他產業，規劃非

● 航拍香港

常靈活且有彈性。譬如一間國際芯片製造企業需要土地，其行業具有一定代表性且有利於香港，我們就會給予支持。這會讓世界看到香港長遠發展的機遇，以及創業、生活的理想環境。

記者：您提到的「最小的投入」是多少，「最大的回報」又是多少？

李家超：這個「小」指的是時間和資源的量。雖說小其實也並不少，但就是聚焦而為，看看哪件事能獲得最大的回報，起碼得在三年內有所回報，也就是起碼我任期的一半要看得到。

我這五年任期內的一個重要任務，就是帶領香港開啟由治及興新篇章。我理解的這個「由治及興」中的「及」，我希望不只是「到」，還要「及早興」。我希望儘量壓縮時間，多方面都要提速、提量、提效、提質。

香港已重返世界舞台中心

「最壞的時候已經過去。」首次以香港行政長官身份出席完泰國曼谷的亞太經合組織會議的李家超告訴記者，過去三年的黑暴、疫情，讓香港各界再度迸發出同舟共濟的「獅子山精神」。背靠著祖國這個世界發展引擎，香港正以新的氣象、新的機遇和新的風氣，「回到舞台的中心，成為世界焦點。」李家超說。

記者：您剛才提到要積極主動，您覺得現在香港這種積極主動性如何？

李家超：非常好！這是香港從危機得到的優勢。2019 年到現在，香港遭遇兩大威脅，一個是黑暴，一個是疫情。這讓香港差不多處於回歸以來最壞的時期，三年來市民最大的期望就是香港能夠走出困境再度騰飛。所以社會已經形成共同意願，不單是要做好自己，更要合舟共濟、互相幫忙，努力共建香港，把香港所有的力量發揮出來，讓香港發展得更好。

我自己努力做好是應該的，但當我看到其他人也有同樣理念時，自然更加高興。例如我最近第一次以行政長官身份到泰國曼谷參加亞太經合組織會

議，帶了二十多位香港不同行業的翹楚，組成一個高級訪問團，一起講好香港故事。

這二十多位真是全心全意、團結一致去推廣香港，在各自環節將他們最好的經驗、最好的東西講給全世界聽。這種重要的團結精神很自然地產生了「一加一大於二」的效果。所以在泰國，我明顯地感到很多人對香港很有興趣，大家的焦點已經回到香港。

記者：近期社會都在討論「香港回來了」。您這次從泰國回來後這種感覺是否更加強烈？

李家超：不能説「香港回來了」，而應該是「香港回到舞台的中心」，重新成為世界的焦點了。香港一直都在，優勢一直沒變，我們重新向世界展現的是新氣象、新機遇和新風氣。

新機遇包括香港要打造的「八大中心」。隨著疫情影響逐漸消退，我們疫情管控逐步放寬，各種國際活動重新舉辦，加上粵港澳大灣區、「十四五」規劃綱要帶來的發展前景，香港始終會回到世界舞台的中心。因為全世界經濟發展最大的引擎就在中國內地，而我們距離這個引擎最近，也擁有背靠祖國、聯通世界的獨特優勢。

首先，香港作為一個國際化城市，外國人很容易習慣香港的生活。其次，在地理位置方面，我們在亞洲的中心點，四個小時的航空旅程可以覆蓋亞洲所有主要城市，再經過轉機就有航班通往全世界。第三，我們的基礎建設成熟，香港被評為世界交通運輸最方便的城市。另外，我們還有低稅率，治安穩定，犯罪率相比世界上其他大城市都要低；我們風景秀麗，被世界各地旅遊網站長期推薦……可以看到，很多優勢都是刻在香港 DNA 裡的。加上我們的新政策、新優勢，背靠內地，近水樓台先得月，已經是商機無限。回到舞台中心，對香港來説，理所當然。

同時，我相信我帶領的是一個有為政府，我也改變了以前特區政府傳統的工作方法，這將會進一步提升香港對世界的吸引力。2023 年，我相信香港的發展會更好。真正的投資者、創業家、大企業，他們不單純是盯著香港現在的投資機會，更會看到香港一年後、五年後的發展機會。

● 在行政長官辦公室，李家超（右二）向記者表示香港已重返世界舞台中心

記者：您如何展望粵港兩地未來的合作空間？

李家超：合作空間肯定是無限的。現在最重要的，是我們如何通過在這個空間裡的運作，將其價值 100% 甚至 200%、300% 釋放出來。

從香港來說，主動性和積極性很重要。我在上任第一天，就主動和廣東省的領導、深圳市的領導通話交流，表明我非常希望大家共同推動粵港合作發展，實現多贏、共贏。

現在廣東省各個城市與香港、澳門之間都推出了很多好的政策，只要我們強強聯手，大灣區的發展將受到世界的矚目。我最近也發現，與在香港的外國商會交流時，大部分時間都是討論大灣區，他們對大灣區的重視程度是很高很高的。我們也鼓勵全球商界企業充分利用香港的橋樑角色，把握在大灣區拓展業務的無限商機。

香港特區政府已成立「泛大灣區外來投資聯絡小組」，由香港的投資推廣

署聯同其他大灣區城市的相關部門，加強協同效應。

擔任行政長官既是一個使命，也是機會

競選宣言裡，李家超曾提出四大政策綱要：強化政府治理能力，團結一致為民解困；精簡程序多管齊下，提供更多安居之所；全面提升競爭實力，創造持續發展空間；同建關愛共融社會，增加青年上流機會。

「擔任行政長官對我來說既是一個非常重要的使命，也給了我一個機會可以創造價值，貢獻給香港、我們的家園。」李家超向記者回顧過去半年的工作時說。2022 年是香港回歸祖國 25 週年。作為親歷者，李家超認為無論是過往的金融危機，還是近年來的「修例風波」、抗擊新冠疫情，國家都是香港堅強的後盾。這也讓他更有信心帶領香港在這由治及興的關鍵五年裡開創新篇。

記者：您覺得「特首」這份工與您之前想像中一致嗎？

李家超：我非常榮幸可以就任行政長官，我最大的期望就是為香港多做事，一心一意做一些事讓市民受惠，解決老百姓的問題。所以從上任到現在，雖然工作真的很忙，但是動力越來越大。有時有些街坊上來說「哎呀特首，你給到我有信心啊」，一句話，已經化解所有疲倦，又去繼續工作。

記者：參選當初提出「同為香港開新篇」，您最強調的是「同」字。

李家超：我說的「同」，首先指我們的團隊要團結。比如，我們組建「融入國家發展大局督導組」，由行政長官擔任組長，三位司長任副組長，目的是從策略和宏觀角度推進及督導跨局工作，加強與內地機構溝通，並定期舉行國家政策解讀活動。在香港積極主動對接國家發展戰略過程中，只有行政長官積極主動還遠遠不夠，要有三位司長的加入，大家都是決策者、參與者、負責者，在項目中各司其職，專注推動自己需負責的部分，相信這樣的團結協作將讓各項工作高效、有序推進。

其次，「同」還有一個更大的概念，就是整個社會。我希望政府可以凝聚

社會的力量、各界的力量，那麼 1+1 就可以比 2 大。三年的低谷讓我們每個人都必須昂首前進、共同發展，所以我也要加倍努力，也希望大家共同努力，將香港應有的價值發揮出來，創造更美好的明天。

記者：您上任以來，推動的「簡約公屋」計劃在社會上引起廣泛討論。有人認為，投入與產出不成比例，錢沒有用在刀刃上。

李家超：這些聲音我是理解的，但我要聚焦在需要幫助的人身上，儘快讓有需要的人「上樓」。如果用以前的過渡性房屋的方法，一是建得慢，二是樓宇高度有限，三是沒有太多主導權，所以我們需要想辦法。

我曾經看到一些令人痛心的場景：小朋友沒有書桌，只能長年累月在閣樓彎身做功課，站都站不起來。這些情況多一天都不應該，所以，從某個角度來說，我們花這些錢，有一部分也是買時間，讓這些困難的市民能儘早脫離這樣的環境，在他們成長中最關鍵、最重要的時期幫助他們發展，創造價值。

假設每個家庭 4 個人，我們這個計劃幫助 3 萬個家庭（興建 3 萬個「簡約公屋」），也就是 12 萬人，我覺得我這個「脫困數學」不是冰冷的數字，定能真真正正幫助到需要脫困的人。

記者：今年是香港回歸祖國 25 週年，你如何看待香港這 25 年的變化？

李家超：回顧香港回歸祖國這 25 年，我們越發感覺到「一國兩制」是維護香港繁榮穩定的好制度。在「一國兩制」之下，香港每每面臨困難的時候，都能得到國家最直接的幫助，這讓我們非常感激。

最難忘、最感動是今年第五波疫情的時候，內地的醫療團隊不畏艱難和染疫風險，很多成員放下了自己的家庭和工作，來到香港支援我們；七天建好方艙醫院；各方面物資源源不斷供應……這些都是在「一國兩制」下才能實現的。

所以在「一國兩制」之下，香港不僅收穫很多利益和優勢，更在受到威脅時可以獲得國家的很多支持與支援。「一國兩制」不單維護了香港的繁榮穩定，更確保了香港的自由、開放。

記者：未來您計劃如何帶領香港開創新篇？

李家超：行政長官的責任非常重大。第一，我要對整個香港負責，保

障七百多萬香港市民的福祉；第二，中央將香港委託給我，我要承擔好這個工作。

讓我感到鼓舞的是，我有一個很好的團隊，特區政府的公務員隊伍非常優秀，也認同我的施政理念，讓我有信心為整個香港的長遠發展、社會的民生福祉作出更多貢獻。我們也希望能讓國家不用再擔心香港，香港也可以為國家以中國式現代化全面推進中華民族偉大復興，以及建成社會主義現代化強國作出貢獻。

這種動力推動我繼續勇於面對各種困難，帶領這個優秀的團隊積極地為社會創造最大價值。擔任行政長官，對我來說既是一個非常重要的使命，也是給了我機會，可以創造更多價值，貢獻給香港——我們的家園。

（本文首發於 2022 年 12 月 28 日）

責任編輯　　龍　田
書籍設計　　吳冠曼
書籍排版　　楊　錄

書　　名　　港故事——香港回歸祖國25年25人訪談錄
編　　著　　南方報業傳媒集團
出　　版　　三聯書店（香港）有限公司
　　　　　　香港北角英皇道 499 號北角工業大廈 20 樓
　　　　　　Joint Publishing (H.K.) Co., Ltd.
　　　　　　20/F., North Point Industrial Building,
　　　　　　499 King's Road, North Point, Hong Kong
香港發行　　香港聯合書刊物流有限公司
　　　　　　香港新界荃灣德士古道 220-248 號 16 樓
版　　次　　2023 年 6 月香港第一版第一次印刷
規　　格　　特 16 開（165 mm × 240 mm）280 面
國際書號　　ISBN 978-962-04-5170-6